LA VIDA EN
PÚRPURA

LA VIDA EN PÚRPURA

FERNANDO MARÍN SOTO

ola
PUBLISHING
INTERNACIONAL

ola
PUBLISHING
INTERNACIONAL

Hola Publishing Internacional
Eugenio Sue 79, int. 4, Col. Polanco
Miguel Hidalgo, C.P. 11550
Ciudad de México, México

Primera edición, julio 2025
ISBN: 978-1-63765-814-7

Para quienes tienen epilepsia

Para quienes tienen una enfermedad crónica

Para quienes buscan superarse

Para quienes quieren aprender un poco más de la epilepsia,
la enfermedad de los mil nombres

Índice

Nota del autor

Mi nombre es Fernando Marín Soto, tengo cincuenta y seis años, treinta de vivir con epilepsia, y todavía los doctores, después de varios estudios, me dicen que la enfermedad es de origen desconocido; soy de ese porcentaje mínimo, alrededor de un cinco por ciento.

Un día como cualquier otro fui a un restaurante-bar en la Ciudad de México y después de haber tomado unas cuantas copas, me dirigí al metro para volver a mi casa con mi esposa y me dio la primera crisis. Esta situación asustó a varias personas, incluida la policía, quien me dijo, después, que era yo un drogadicto y por lo tanto me prohíbo el acceso al metro. Yo me sentía muy raro, ya que me hablaban y no podía moverme ni contestar. Me ofrecieron una bebida oscura y de ahí me vinieron más crisis.

Durante estos treinta años de padecer epilepsia, he sufrido de discriminación, pero he aprendido que no soy el único, que en la Ciudad de México la sufren miles de personas y, en el mundo, millones. Yo soy solo un paciente y no sé por qué en ocasiones sufro una descarga eléctrica sin un factor que la provoque. Dicen los doctores que "hasta porque vuela la mosca".

No estoy autorizado para recetar medicamento, dar consejos médicos o hablar especializadamente sobre la epilepsia, sus causas, síntomas, historia, etc., lo único que puedo contar es mi experiencia. Si tú, lector, estás buscando datos duros, hechos comprobados o consejos médicos, por favor, como yo, dirígete a tu médico de confianza.

Introducción

La palabra epilepsia viene del griego ἐπιληψία, que quiere decir "agarrado o tomado por algo o por alguien". Desde el siglo XI a. C. se tiene conocimiento de la epilepsia: han pasado ya treinta y tres siglos, aproximadamente treinta y tres mil años, desde el primer caso documentado hasta la fecha. En ese entonces, a la gente que sufría de epilepsia se le tenía miedo y era apartada de la sociedad y aunque sea difícil de creer, esto sigue sucediendo hoy en día.

Una persona que sufre un ataque epiléptico cae al suelo, se mueve incontrolablemente (piernas, pies, manos), echa espuma por la boca con los ojos en blanco y los labios morados, adquiere una fuerza descomunal que necesita de cuatro a seis personas para contrarrestarla sufre de taquicardia, presión alta, y todo esto dura entre uno y dos minutos. Así, hay empresas que despiden a un individuo cuando este presenta un ataque epiléptico durante el trabajo, pues creen que la enfermedad es contagiosa o que pueden hacerle daño a alguien o que la persona no es capaz de desarrollar ciertas habilidades o destrezas para el trabajo, incluso si el individuo es igual o más capaz que otro.

Hasta mediados del siglo pasado, en las cantinas de la ciudad de México había un letrero que decía: <Prohibido el paso a mujeres, vendedores ambulantes, niños y uniformados>, pero ha sido eliminado desde 1981, pues ahora se entiende que esto es discriminación. En 1950 se les dio el derecho a las mujeres de votar y ser votadas, y en el año 2023 se le pagó lo mismo a una mujer jugadora de tenis que a un hombre. Hace algunas décadas se les otorgó el derecho de trabajar a las personas homosexuales, e incluso se les empezó a pagar el mismo sueldo que a las heterosexuales, y hace relativamente pocos años se incluyó también a las personas transexuales. Pero esto es reciente, siglos atrás las personas que eran homosexuales o tenían crisis convulsivas acababan en la hoguera o bajo tortura hasta la muerte. Lo mismo pasaba con judíos, gente de piel oscura, que pensaran diferente o no siguieran el catolicismo.

Por ejemplo, a Rosa Parks en 1955, en Alabama, Estados Unidos la metieron a la cárcel por no cederle el asiento a un hombre de piel blanca. Martin Luther King, proclamó la igualdad de hombres de piel oscura y piel blanca, y lo asesinaron cuando tenía treinta y nueve años en Memphis, Estados Unidos.

Sin embargo, con la epilepsia es muy diferente: no se ha aceptado y no ha cambiado nada. Existen diferentes mitos alrededor de la epilepsia, como que a las personas les dan crisis cuando es luna llena o que se les tiene que poner algún objeto en la boca para que se les quite la crisis.

Las personas que tienen epilepsia han sufrido de discriminación al menos hasta la segunda década del siglo XXI. Aún existen compañías que despiden a los trabajadores que tiene una crisis en el trabajo, y aunque ahora hay letreros que en los restaurantes dicen algo así como, <En este establecimiento no se discrimina por motivos de género, religión, raza, o cualquier otro motivo>, las personas se siguen asustando o huyendo. Estamos igual que hace más de veinte siglos.

Megan Cassidy nació en Canadá en el año 2008 y a los siete años sufrió su primera crisis epiléptica en la escuela. Le comentó a su mamá que quería un día al año para que la gente con epilepsia supiera que no está sola y que no tuvieran miedo o vergüenza, como ella. También pidió que se reiterara que a las personas con epilepsia, o con alguna otra enfermedad, su condición no las define. En la escuela canadiense le dieron el 26 de marzo, y, por ella, desde 2015 se conmemora el día mundial de la epilepsia.

Figura 1: Megan Cassidy[1]

---

[1] "Cassidy Megan." *The Voice for Epilepsy,* https://thevoiceforepilepsy.co.uk/cassidy-megan/. Accedido el 4 de julio de 2025.

Capítulo I

Historia de la epilepsia

Existen archivos del siglo XI a. C que documentan ataques epilépticos. El primero documentado fue de Sakik Ku en el año 1060 a.c., aproximadamente. En este documento se describe como "la enfermedad del caer", y los babilonios y después los griegos dijeron que se trataba de una persona endemoniada o sagrada o que venía de parte de los dioses.

Algunos siglos después, en el siglo V a.c., un doctor griego llamado Hipócrates de Cos, considerado el padre de la medicina, dijo que la enfermedad no era ni sagrada ni divina, sino una enfermedad como cualquier otra, y que venía del cerebro. Sin embargo, muchos no le hicieron caso o se rieron. "¿Cómo podía curarse algo así", preguntaron los griegos y la escuela socrática? Siglos después todavía no había medicina ni tés ni yerbas ni menjurjes, no servían para nada, los ataques epilépticos seguían.

Pasaron dos siglos para que naciera Jesús de Nazaret. Cuando tendría unos treinta y uno o treinta y dos años, curó a una persona con epilepsia. En el Evangelio de Mateo 17:15 -18, dice: "Señor, ten misericordia de mi hijo, porque es epiléptico y sufre terriblemente, porque muchas veces cae en el fuego y muchas en el agua" (Nueva Biblia de las Américas). Jesús curó a una o dos personas con epilepsia, y uno o dos años después lo crucificaron. Sus enseñanzas fueron proclamadas, sin embargo, en ninguno de los cuatro evangelistas canónicos (Juan, Mateo, Marcos y Lucas) ni evangelios apócrifos (Pedro, Nicodemo, Tomas, María Magdalena) se escribe que alguno de sus apóstoles haya curado a personas con epilepsia.

Casi cien años después de la muerte de Jesús de Nazaret, aparece uno de los médicos más famosos de la antigüedad, Galeno, quien nació aproximadamente en el año 129 d.C., en Roma, y el habló sobre la epilepsia. Dijo que la enfermedad era provocada por humores espesos, mas no sabía cómo curar la enfermedad.

Sin embargo, como las personas seguían cayéndose al suelo y haciendo movimientos involuntarios con piernas y manos y no había ninguna cura, la gente siguió creyendo que hombres y mujeres que la sufrían eran personas endemoniadas. Por más tés, infusiones, trapos en la cabeza, sangrías con sanguijuelas u otros remedios como limpiar con diferentes ramas al enfermo, que se usaban, nada funcionaba. Galeno, como Hipócrates, quedó en el olvido, o al menos lo quedaron sus escritos sobre esta enfermedad. Y las personas siguieron creyendo que una persona con epilepsia era sinónimo de endemoniado.

Tuvieron que pasar nueve siglos para que hubiera constancia de otro médico que estudiara la enfermedad. Fue Avicena, quien nació en el año 980 d.C. en una región de lo que era Persia, ahora llamada Turquestán; astrónomo y filósofo. Los enfermos a quienes no podía curar nadie acudían a él para aliviarse. Dejó en sus escritos acerca de la epilepsia que la enfermedad la causaba una alteración de la consciencia que generaba movimientos bruscos tanto en extremidades inferiores como superiores. Les dijo a sus discípulos que no había de qué preocuparse y que al individuo que padeciera se le quitaría en un breve periodo de tiempo. Sin embargo, no supo responder a qué era lo que provocaban esos movimientos bruscos y, lo más importante, cómo erradicarlos o prevenirlos.

Seguramente convivio con personas que tenían epilepsia y les aseguró que no pasaba nada, sin embargo, Avicena no pudo contestar más y sus escritos quedaron como meras anécdotas.

Nueve siglos después la investigación continuó con un hombre llamado John Hughlings Jackson, quien nació en 1835 en el Reino Unido, estudió medicina y fue neurólogo de la reina Victoria. Él establece la primera definición médica para un paciente con epilepsia: "descargas súbitas excesivas rápidas y locales de la sustancia gris" (Palacios). Una muy bonita definición que tenía un problema, o varios: las personas comunes y corrientes no saben por qué se dan las descargas súbitas excesivas ni cómo evitarlas. Seguía habiendo enfermos y algunos incluso llegaban a fallecer por tantas descargas en la cabeza. A mediados del siglo XIX todavía no se sabía de ningún medicamento que ayudara a controlar la epilepsia.

En 1849 nació en Canadá uno de los mejores médicos que ha existido, Sir William Osler, considerado el padre de la medicina moderna. Él tampoco pudo explicar en dónde se origina exactamente o cómo surge la epilepsia, aunque sí la identificó como una enfermedad cerebral.

En 1852, en España, nace Santiago Ramon y Cajal, y en 1906 recibe el Premio Nobel de Medicina por su descubrimiento de la neurona y sus formas de comunicación. A pesar de haber recibido dicho premio, no supo explicar cómo es que existen descargas eléctricas en el cerebro que provocan que el cuerpo se descontrole.

En 1863 nace en Estados Unidos el primer médico neurólogo, especialista en epilepsia, llamado William Sprating. Escribió *La epilepsia y su tratamiento*. Sin embargo, a pesar de haber estudiado casos y más casos y haber publicado estudios, incluso libros, la enfermedad seguía sin tratamiento. Y, lo que era peor, a pesar de estudiar a pacientes epilépticos, algunos fallecían y no se entendía el porqué. Sprating descubrió de dónde viene una crisis epiléptica, del cerebro, y qué la provoca, una corriente eléctrica mayor a la normal, pero no se sabía cómo evitar las crisis. Una mamá con un niño con epilepsia lo que quería es que se le quitaran las crisis, y un adulto, lo mismo, pues en algunos casos se podían caer sin darse cuenta.

Las personas seguían creyendo, a pesar de tener toda esta información, que una persona epiléptica estaba endemoniada. No había cura, las crisis eran muy fuertes y constantes.

Hasta que a alguien se le ocurrió el primer medicamento para la epilepsia.

CAPÍTULO II

Historia de los medicamentos para la epilepsia

La reina Victoria se hizo de los mejores médicos ingleses, y así fue como contó con un brillante doctor llamado Charles Locock (1799-1875), quien a pesar de haber estudiado obstetricia también trató a gente con epilepsia. Locock hizo un experimento con una sustancia llamada bromuro de potasio para tratar de controlar la epilepsia. Le administró la sustancia a quince mujeres que sufrían de la enfermedad y vio con asombro cómo se curaron catorce. Entonces dijo, "Eureka", como dijera Arquímedes. ¡Después de veinte siglos por fin se había encontrado un medicamento para la epilepsia! Claro, fallaba en el seis por ciento de los casos.

Entonces el doctor Locock empezó a repartir bromuro de potasio a todos los pacientes de epilepsia, pero algunos meses después las mujeres que habían sido controladas por la enfermedad empezaron a presentar síntomas como cansancio extremo, tos, vómito, falta de aire. Poco tiempo después el bromuro de potasio se suspendió como medicamento para la epilepsia.

A principios del siglo XX un médico alemán llamado Alfred Hauptmann, psiquiatra y neurólogo, descubrió el fenobarbital. Esta sustancia funcionaba mejor que el bromuro de potasio, así que Hauptmann experimentó con algunos pacientes entre los cuales algunos se beneficiaban y otros no. Sin embargo, le sucedió lo mismo que al doctor Locock el fenobarbital tenía otros efectos secundarios como mucho sueño, náuseas, vómitos, fiebre y dificultad para respirar. Tampoco era buena opción, aunque en estudios posteriores se determinó que podría funcionar en niños.

En 1953, un químico suizo llamado Walter Schindler sintetiza por primera vez la carbamazepina, un medicamento anticonvulsivo que ayudaba a controlar ciertos tipos de crisis. Este fue exitoso en algunos pacientes, pero en la mayor parte de ellos las crisis continuaban a pesar de las dosis altas de medicamento que ingerían.

A mediados del siglo XX, un grupo de médicos sintetizan por primera vez la primidona, otro medicamento para controlar las crisis convulsivas. En Estados Unidos, a pesar de todo, tampoco la primidona funcionaba del todo bien, ya que a algunas personas se le quitaban las crisis y otras no. Unos años más tarde un grupo de químicos franceses, en 1962, descubrieron el valproato de sodio como medicamento anticonvulsivo. Viendo que sí funcionaba, se les dio a pacientes, pero algunos sufrieron dolor de estómago, diarrea, encías inflamadas, somnolencia, cefaleas, aumento de peso, caída del cabello y/o menstruaciones irregulares.

Los doctores neurólogos del siglo XX se reunieron para hablar sobre qué hacer con la epilepsia. Se tenían varios medicamentos contra la enfermedad, pero ninguno funcionaba para todos. ¿Por qué no mejor combinaban los medicamentos dependiendo del paciente? El resultado fue fabuloso. Por ejemplo, un niño con crisis convulsivas pasó de sufrir ocho a sufrir dos al día tras ser tratado con varios medicamentos. Y hasta el 2024, se cree que para controlar la epilepsia lo más eficiente es combinar medicamentos.

Los medicamentos que he descrito son llamados "de la vieja generación" y se descubrieron a mediados del siglo pasado, sin embargo, se siguen haciendo estudios para inventar un mejor medicamento para la epilepsia.

A Fines del siglo pasado la Administración de Fármacos y Alimentos (FDA) aprobó la venta del levetiracetam, un medicamento que ha revolucionado los tratamientos para la epilepsia, pues este es uno de los medicamentos con menos efectos secundarios. Aun así, en algunas personas puede provocar depresión, insomnio, dolor de cabeza constante y/o alergia.

Los químicos y los bioquímicos no se dieron por vencidos y en 1996 estaban descubriendo en la Universidad de Houston otro medicamento nuevo. Para el 2010, este medicamento ya estaba en México y en toda América. Este se llama lacosamida y es como el levetiracetam, pero mejorado. Sin embargo, había un pequeño problema: el precio. Una caja de levetiracetam cuesta alrededor de $500 pesos mexicanos y trae treinta pastillas; la lacosamida cuesta alrededor de $1,600 y la carbamazepina cuesta casi $100. Sin embargo, ese medicamento no es la panacea para todas las crisis. Siguieron investigando y actualmente existe otro llamado Brivaracetam, parecido al Levetiracetam, solo que esta cuesta $2,400. 00.

Aún los médicos no saben cómo curar la epilepsia. Existen casos raros en los que se llega a controlar por años, pero el detonante sigue ahí. Se pueden usar varios fármacos combinados para buscar la mejoría en un paciente, esto depende de su sexo, edad, peso, tipo y frecuencia de las crisis, y el tiempo que lleva presentándolas.

Lo más importante es no automedicarse ni creer que un medicamento es mejor que otro por su precio.

Otro dato interesante es que desde 1910 hasta 1967 en México se encerraban pacientes con epilepsia en La Castañeda, un hospital psiquiátrico, casa de quienes en ese entonces eran rechazados por la sociedad: "imbéciles", trabajadoras sexuales, homosexuales y epilépticos.

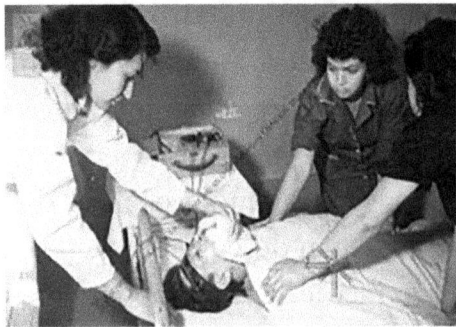

Figura 2: Manera en la que se trataba
la epilepsia en México en 1950[2]

[2] "Fotografía de la Castañeda." *Archivo General de la Nación*, Gobierno de México, 9 oct. 2020, https://www.gob.mx/agn/articulos/la-castaneda-el-estigma-y-el-cuidado-de-la-salud-mental-en-mexico?idiom=es. Accedido el 4 de julio de 2025.

Capítulo III

Nuestro amigo el cerebro

Cómo detectar la epilepsia

Hans Berger (1873-1941), neurólogo alemán, en 1926 inventa por primera vez el electroencefalograma, un estudio que consiste en poner chupones indoloros en la cabeza del paciente. Estos a su vez se conectan a un aparato que lee las descargas eléctricas que produce su cerebro. Normalmente, en un cerebro sano, las impresiones de las descargas se ven como líneas rectas, mientras que en un cerebro con epilepsia las líneas pueden aparecer como picos que suben y bajan en diferentes ocasiones. Berger detectó que existían variaciones en las descargas eléctricas de cada cerebro, y quizás se haya dado cuenta que las alteraciones eran mayores cuando alguien estaba desvelado. También confirmo que las descargas eléctricas producían epilepsia y con un medicamento anticonvulsivo o quizás dos las crisis epilépticas podían erradicarse, y con ello desaparecerían los juicios en torno a la enfermedad. Pero no fue así, ya que al menos hasta principios del siglo XXI la gente seguía creyendo en los mitos negativos sobre la epilepsia.

Y pasaba una cosa rara con el electroencefalograma, en ocasiones las descargas no aparecían anormales y el individuo seguía estando enfermo o, por el contrario, había fallas eléctricas que no se sabía cómo curar.

Sir Godferey Newbold recibió, en 1979, el Premio Nobel de Medicina por haber inventado otro estudio para las personas con epilepsia, la tomografía axial computarizada (TAC). Este estudio consiste en meter al paciente en una especie de túnel corto y dejarlo dormir un rato. Después, el aparato emite rayos que obtienen imágenes del cerebro desde varias perspectivas, es como si dividieran al cerebro en cincuenta partes. Lo que no se ve en el electroencefalograma sí es visible en la tomografía axial computarizada, y así se complementan. Es entonces cuando el doctor puede determinar en dónde hay una lesión en el cerebro.

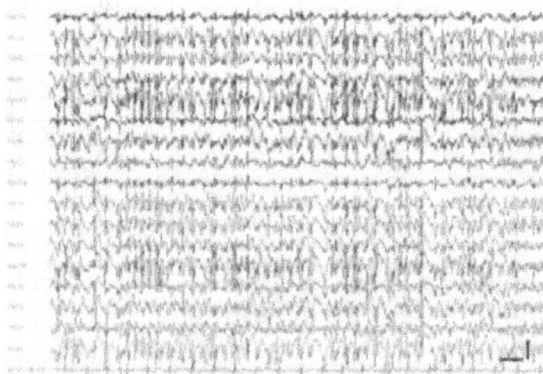

Figura 3: Electroencefalograma[3]

[3] López-Messa JB. Electroencefalografía en cuidados críticos [Internet]. Anestesiar.org. 2012 [citado 2025 may 23]. Disponible en: https://anestesiar. org/2012/electroencefalografia-en-cuidados-criticos/. Imagen utilizada con fines educativos.

En la figura 3 aparece un encefalograma cuyas líneas sólo el médico especialista puede interpretar.

También existe otro estudio llamado resonancia magnética, que es parecido al anterior, solo que con otras frecuencias de rayos que determinan otras descargas. Este estudio fue inventado por Isaac Rabí en 1943. En 1944 fue galardonado con el premio Nobel de Física por este descubrimiento.

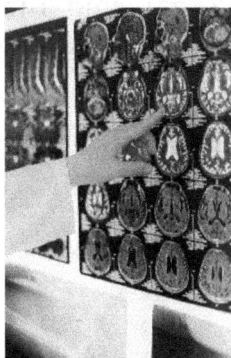

Figura 4: Resultados de una resonancia magnética

Se había descubierto ya el electroencefalograma, la tomografía axial computarizada y la resonancia magnética, e incluso fueron apareciendo más medicamentos. Pero las personas seguían con crisis epilépticas, y por más que se medicaran, no se les quitaba. Raro era el caso de un paciente que con medicamento dejara de presentar crisis sin, además, sufrir de efectos secundarios.

Desde la época de los griegos hasta la actualidad, el cerebro humano resulta incomprensible para los doctores: ¿por qué existen asesinos en serie?, ¿por qué otras personas hacen el bien, como el Papa Juan Pablo II, o la Madre Teresa de Calcuta? Los científicos no saben exactamente por qué. Incluso, el cerebro de Albert Einstein fue donado para su estudio.

El cerebro humano pesa alrededor de un kilogramo y medio y tiene en su haber millones de neuronas. Estas neuronas, a su vez, están conectadas la una a la otra por medio de unos cables que en su punta son llamados axones. La electricidad fluye a través de todos esos cables y, si existen las descargas adecuadas, nuestro cerebro, y no sólo él sino todo nuestro organismo, funciona de maravilla: ver, caminar, sentarse, comer, hablar todo parece normal. Todo esto funciona gracias a nuestro cerebro, corazón, pulmones… El cuerpo humano es la maquina más perfecta de la creación.

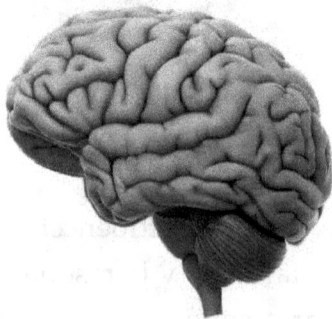

Figura 5: El incomprensible cerebro humano[4]

Víctor Borrel
"Este es el gen que hace tan especial al cerebro humano" 2023

Como se aprecia en la imagen, el cerebro tiene varias divisiones: el bulbo raquídeo, el cerebelo, el lóbulo occipital

---

[4] "Este es el gen que hace tan especial al cerebro humano." *National Geographic España*, 25 ago. 2023, www.nationalgeographic.com.es/ciencia/este-es-el-gen-que-hace-tan-especial-al-cerebro-humano_17865. Imagen.

(la parte de atrás de la cabeza ósea la nuca,) los lóbulos temporales derecho e izquierdo, y el lóbulo frontal. Debajo de todo eso están las neuronas.

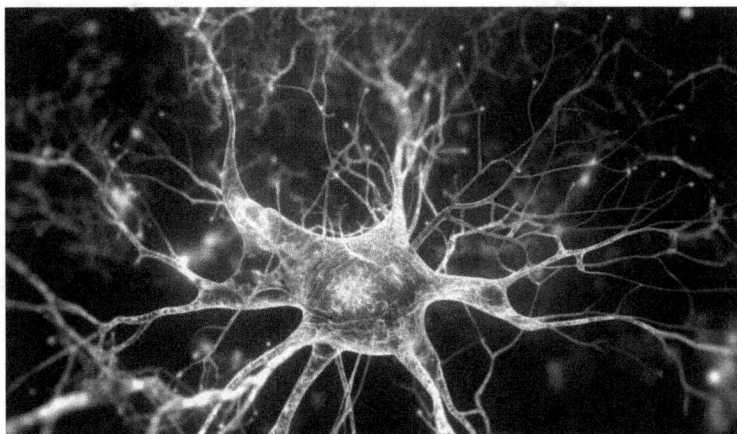
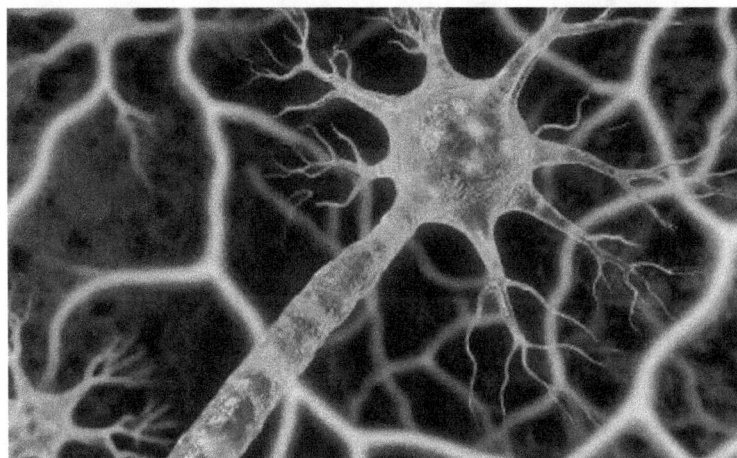

Figuras 6 y 7: Representación de las neuronas[5]

[5] Redacción Andro4all. Hasta ahora ha sido un misterio, pero ahora sabemos cómo las neuronas controlan el movimiento [Internet]. La Vanguardia. [fecha desconocida] [citado 2025 may 23]. Disponible en: https://www.lavanguardia.com /andro4all/sin-categoria/hasta-ahora-ha-sido-un-misterio-pero-ahora-sabemos-como-las-neuronas-contro. Imagen utilizada con fines educativos.

Como se puede apreciar en las figuras 6 y 7, en la neurona, la bola central está conectada por varios cables que conectan con otras neuronas, y así sucesivamente. El cerebro humano tiene cien mil millones de neuronas, y estas están conectadas por cables que transforman la energía en electricidad. Cien mil millones de neuronas conectadas a cien mil más por medio de unos seis a diez cablecitos llamados axones nos da un billón de posibilidades para encontrar el foco epiléptico y por ende una manera de curarlo. Además, sumándole a eso resulta que hay millones de personas con epilepsia en el mundo; las combinaciones posibles de medicamentos son prácticamente infinitas.

Capítulo IV

Mitos y creencias falsas alrededor de la epilepsia

U na vez detectada la epilepsia, en la gran mayoría de los casos no tiene cura. Por más medicina que se tome, a la hora indicada, siguen dando crisis, y la gente sigue en completa ignorancia. Algunos creen que con una pastilla se quita, como si fuera un dolor de cabeza o, por el contrario, las crisis se presentan de diferente forma y las personas no saben qué hacer por lo mismo. Desde hace milenios la gente cree que con yerbas o rezando el rosario se puede quitar, por eso existen mitos o creencias que afirman saber cómo curar la epilepsia en pleno siglo XXI.

A continuación expongo algunos mitos que la gente que no sabe nada de la epilepsia ni como se cura propaga:

Uno de los mitos es que las mujeres epilépticas se curan al casarse o juntarse un hombre, ya que las relaciones sexuales detienen las crisis. Se ha comprobado científicamente que las pacientes, después de casarse y tener hijos, siguen teniendo epilepsia.

Otro que a mí en particular me ha tocado es el mito de que es contagiosa, que como yo me casé con una mujer que tuvo un hijo con epilepsia, entonces me había contagiado. En realidad, no es contagiosa, pero sí se puede heredar, es decir que uno de sus posibles orígenes es genético. Aunque no siempre, solo en algunos casos.

Un remedio muy extraño del que me enteré fue que beber sangre de venado recién cazado y de un solo trago quita la epilepsia, pero yo creo que con esto lo único que se va a provocar es la muerte del pobre venadito que no tiene culpa, y quizás se contrae una infección en el estómago.

Otro mito más feo es que las personas con epilepsia son engendros del demonio y no hay poder humano que las cure, tal vez un sacerdote exorcista, ¿pero cuánto tiempo se tardaría uno en encontrar a un padre exorcista? En la república mexicana hay solo cuarenta y ocho sacerdotes que exorcizan y por lo tanto es difícil encontrarlo, y ni qué decir de convencerlo. Entonces, las familias que creen este mito lo que hacen es encerrar en un cuarto al enfermo y encadenarlo hasta que se le pasen las crisis, por semanas y quizás hasta meses, solo, con agua y comida.

Una cosa errónea que se cree con más frecuencia es que una persona con una crisis se está muriendo, le está dando un infarto, ya que los síntomas son labios morados, ojos en blanco, taquicardia… pero no, en la mayoría de los casos le da a uno una crisis y pasan días, semanas y meses y no le vuelva a dar una crisis. Solamente en las personas en las que la epilepsia es difícil de controlar hay que tener cuidado, ya que les pueden dar unas veinte crisis diarias y en es casos hay que llevarlas al hospital, o cuando las crisis se presentan una tras otra y el paciente no logra recuperarse de una convulsión cuando ya viene otra y otra y otra. A esto último se le llama "estado epiléptico". Si no se atiende rápidamente puede llegar a dar "muerte súbita" (SUDEP, por sus siglas en ingles).

También hay gente que dice que las crisis son proféticas, es decir que los enviados de Dios, ángeles o arcángeles, las causan para prevenir a la humanidad de algún mal. Esto, por supuesto, también es científicamente falso.

Una de las creencias más populares es que cuando una persona tiene una crisis epiléptica y sus extremidades están fuera de control es importante ponerle a la persona algo en la boca para que no se trague o muerda la lengua. Esto es completamente imposible, ya que el esófago no está diseñado para que quepa la lengua. Solamente hay que poner a la persona de lado para evitar que se muerda la mejilla o el cachete. Lo peor que puede pasar es que se muerda la lengua y salga un poco de sangre.

Si se le pone un lápiz, por ejemplo, las quijadas rompen el lápiz y las astillas se van al esófago y el individuo puede dejar de respirar y se le tendrá que hacer una traqueotomía. Si se pone una pluma o bolígrafo las quijadas rompen el bolígrafo y el individuo se pude romper varios dientes y también se puede ahogar y dejar de respirar.

Escuche un caso sobre un padre de familia que tenía un hijo con epilepsia y cuando este sufrió una crisis epiléptica el papá no supo cómo ayudarlo así que le puso el dedo en la boca. El hijo, inconsciente, le mordió el dedo, se tragó el dedo, se le atoró en la tráquea, y dejó de respirar. Lo llevaron a urgencias, le quitaron el dedo por medio de una traqueotomía: el niño ya no pudo volver a respirar de manera normal y el papa perdió el dedo.

Otra falsa creencia es que cuando a alguien se le detecta epilepsia hay que culpar al estrés y lo mejor que se puede hacer es ingresar al paciente en un hospital y llenarlo de medicamentos que terminen en *pam*, clonazepam, diazepam, alprazolam, etc. y tenerlo en vigilancia al menos una semana; engañar al paciente diciendo que después de esa terapia va a sanar (a mí en lo personal me pusieron una semana en tratamiento médico y después continuaron mis crisis. Después de la estancia en el nosocomio, continuaron mis crisis).

Otro mito es que cuando un paciente tiene una crisis se le va el color y se le baja la presión y lo mejor para esos casos es tomar o beber algún refresco que termine en *cola*, por ejemplo, Coca-Cola, Pepsi, Red Cola… todos estos refrescos contienen cafeína, azucares y colorantes, y lo único que hacen es excitar más las neuronas y provocar más crisis.

Algunos otros creen que las mujeres que tienen epilepsia y tienen una cabellera esplendida, hermosa, deben de ser rapadas, pues es el cabello el que provoca las crisis. O, por otro lado, cortan la cabellera de las pacientes como una clase de sanación.

Un mito que quizás tenga algo de verdad es que cada veintiocho días, el ciclo de la luna, el periodo menstrual, les dan crisis a las mujeres. De hecho, antes a las mujeres se les llamaba "lunáticas" por la conexión del ciclo menstrual con la luna. Sin embargo, se ha comprobado que el ciclo menstrual de la mujer no siempre dura veintiocho, existen mujeres "irregulares". Entonces, las mujeres lunáticas no existen. Lo que pasa es que con el ciclo menstrual en realidad lo que pasa es que la sangre perdida en el cuerpo causa que el medicamento pierda su función y les den más crisis. A este tipo de epilepsia se le llama "catamenial". En estos casos, el neurólogo tal vez le aumente la dosis en esos días.

Un mito también es que rezando o teniendo una estampita de la santa cruz de Jerusalén del lado derecho y orando para que se le quiten las crisis por arte de magia estas desaparecerán de un día a otro. De hecho, una tía mía, al verme sufriendo por mi epilepsia, me regaló una estampita con la imagen de la santa cruz. Duré unos días sin crisis, pero de repente me dio una fuerte, la cual provocó que me orinara. Mi orina mojó mi cartera y se me deshizo la estampita. Tan poco sirve de mucho, a menos que tengas la fe de un grano de mostaza...

Otro mito también muy extraño es que ir al campo, buscar una víbora, matarla y beber su sangre ayuda. Aquí el problema es que, si la serpiente es venenosa, la sangre de la ofidia puede provocar la muerte.

Quizás haya otros mitos o leyendas alrededor de la epilepsia, pero estos son los que se me vienen a la memoria.

Capítulo V

Tipos de crisis epilépticas

L a epilepsia es también llamada "la enfermedad de los mil nombres" porque tiene tantas variantes como idiomas hay en el mundo. Sin embargo, la clasificación actual se divide en dos, las crisis las parciales y las generalizadas. Aunque, a su vez, las crisis parciales se dividen en varias, y las generalizadas.

Tipos de crisis

- Crisis parcial simple: Esta crisis solo se da en una parte del cerebro, y se le denomina simple porque es sencilla, el paciente puede de repente mover una parte de una extremidad o ver foquitos por segundos, pero está consciente durante la crisis.

- Crisis parcial compleja: Esta es más difícil de entender, por decirlo de alguna manera. El paciente puede caminar sin darse cuenta, ir con la mirada perdida. Estos casos son peligrosos porque el paciente puede atravesar la calle sin fijarse y lo pueden atropellar (se parece al sonambulismo, pero despierto). Otro ejemplo es cuando el individuo está sentado o parado y empieza a desabrocharse la camisa sin darse cuenta, o incluso desvestirse en su totalidad estando en la calle, en la casa o en el trabajo. Puede ser un momento bochornoso. Otro tipo de casos es cuando el individuo se queda estático en alguna posición, como si fuera a lanzar una flecha con un arco, se le llama "crisis del tirador de arco". O también puede ser que empiece a dibujar o a hacer movimientos extraños, como escupir o a armar el cubo de Rubik en pocos minutos. Otro tipo de casos es que el individuo camine entre a una tienda y tome algún objeto sin darse cuenta (cleptomanía). Todos estos casos se dan cuando la persona está completamente inconsciente.

• Mioclonías: Cuando una de las extremidades se mueve de manera brusca.

• Tónicas: Cuando el tono muscular varía y los miembros se mueven como si se fueran a agrandar

• Atónicas: Sin fuerza muscular, es cuando el individuo cae al suelo de forma repentina.

• Automatismos: El individuo se comporta de una sola forma, haciendo uno o varios movimientos bruscos.

- Crisis visuales: La persona ve algo fuera de lo normal o ve luces que no están, luces estroboscópicas.

- Crisis olfativas: Se huele un olor raro que nadie huele.

- Deja vu: Sentimos que ya hemos estado en un lugar, pasado por un estado o por una situación que apenas estamos viviendo.

- Jamais Vu: El individuo no reconoce lugares o situaciones que le son familiares.

- Crisis tónico-clónica generalizada: Se presenta de repente, cuando la persona cae al suelo sin sentido y las piernas y los brazos empiezan a realizar movimientos bruscos. A la persona se le va el color de la piel, los labios se le ponen morados, tiene taquicardia, los ojos se le ponen en blanco. El individuo puede orinarse o defecar, pues ha perdido la consciencia y puede tardar un par de minutos en recuperarse.

Capítulo VI

Primeros auxilios físicos y emocionales en caso de una crisis tónico-clónica generalizada

Nuestro amigo el cerebro da información de cómo caminar, hablar, escuchar, tocar, oler, ver de una manera correcta; el cuerpo humano es la maravilla más perfecta de la creación. Aunque usted no lo crea, para poder leer, el cerebro realiza muchísimas funciones. El cerebro no descansa ni cuando estamos dormidos. Sencillamente para caminar se necesitan alrededor de doscientos músculos, para hablar se necesitan 35 músculos etc. Sin embargo, cuando existe una crisis tónico-clónica generalizada, los cables están cruzados, el cerebro le dice a una pierna que se mueva cuando está parada, además que les dice a los miembros que se muevan de forma descontrolada por unos minutos. Uno parece ventilador o rehilete. Además que, en varios casos, los sentidos se alteran.

Entonces el individuo pierde la consciencia y empieza a haber una serie de movimientos bruscos en las extremidades, pero no solo eso, sino que además se alteran los sentidos. En algunas personas, cuando está pasando la crisis y le hablan el oído, un susurro equivale a un grito.

Además, que después de despertar el paciente está confundido, mareado, desubicado, con mucha sed, con ganas de orinar, y puede presentar dificultad para articular palabras. Y con mucha pena o vergüenza de lo sucedido, ya que puede haber tirado objetos a diestra y siniestra, y quizás haber golpeado a alguien. El paciente puede sentirse frustrado, más si las crisis persisten, o, por el contrario, explotar y pedirle a todos que lo dejen solo.

Situaciones que se deben tomar en cuenta en caso de una crisis tónico-clónica generalizada:

- No introducir ningún objeto en la boca, eso es primordial.

- Dejar que la crisis pase sola.

- Si es posible, hacer un video de la crisis. Esto lo piden los doctores, aunque generalmente es imposible, ya que los familiares se preocupan más por el enfermo que por tomar videos.

- Preguntarle al individuo si está bien, no preguntarle cómo se llama o dónde se encuentra, ya que esto solo va a provocar que el paciente se sienta confundió, avergonzado y/o desorientado.

- Aflojarle la ropa, en el caso de los hombres el cinturón, en el caso de las mujeres verificar que el vestido o pantalón esté flojo.

- Ponerlo de lado y tener en cuenta que no puede pasarle nada a la lengua salvo que el individuo le dé una pequeña mordida. Esto es para que la saliva fluya normalmente y no pase directamente al esófago.

- Darle al paciente palabras de consuelo.

- Decirle al paciente qué le pasó, como sucedió, cuánto tiempo duró, en el momento y después de la crisis, para posteriormente decirle al neurólogo de cabecera y construir un historial clínico.

- Nunca culparlo.

- Ayudarlo a regresar a casa, asegurarle que no pasa nada y decirle que descanse.

- No hablar a urgencias ni a ninguna ambulancia a menos que las crisis continúen por más de dos minutos y / o sigan una tras otra.

- Cuando el paciente ya pueda caminar y se sienta bien, darle de beber agua natural, si lo pide ya que la crisis provoca falta de oxigenación en el cerebro.

- No darle al paciente medicina después de una crisis. Como mencioné, la epilepsia es una enfermedad rara y las crisis dan nada más porque se les pega la gana. Si a esto se le agrega medicamento puede provocar más crisis o se puede intoxicar el paciente.

Capítulo VII

La vida en púrpura

Nací en agosto de 1969 en la Ciudad de México. Fui bastante sano toda mi infancia, mi juventud, mi adolescencia y parte de mi adultez.

A los veinticuatro años contacté a una mujer. Platicamos, nos gustamos, nos hicimos novios y nos casamos dos años después. Al poco tiempo de casarme nacería el primer y único hijo de ambos; ella había tenido dos hijos previos en su primer matrimonio, una hija y un hijo. Su hijo, a los cuatro o cinco años, presentó un tipo de epilepsia de difícil control, con crisis de todos colores y sabores, desde las parciales simples hasta las crisis tónico-clónicas generalizadas. Los doctores le dijeron a mi esposa que el único remedio era un medicamento de alta generación, la más efectiva.

"Si su hijo sobrevive esta noche, ya la hicimos. Si no, es muy probable que quede en una silla de ruedas o con retraso mental para toda su vida", le dijeron.

Al día siguiente, de la noche a la mañana, le desaparecieron las crisis y todo rastro de epilepsia. Los doctores le dijeron que en seis meses querían ver un electroencefalograma y salió bien luego. Al año pidieron lo mismo y también salió perfectamente normal, sin ninguna descarga de crisis, así que le dieron de alta. Desde los cuatro años hasta los quince tuvo epilepsia. Hoy tiene treinta y ocho años no ha presentado ninguna crisis en todo este tiempo. Con él fue como yo me enteré de que existe la epilepsia. Aunque ciertamente creí que nunca me pasaría a mí.

Poco tiempo después de vivir con mi esposa nació mi hijo y falleció su abuelo materno. Cinco meses después experimentaría mi primera crisis epiléptica de la siguiente manera.

Mi primera crisis

Fui a ver el Super Bowl con mi esposa el domingo 26 de enero de 1997, y, como de costumbre, ingerí bebidas con alcohol en un restaurante bar. Nunca pensé que fueran a hacerme daño, ya que anteriormente las había tomado y nunca me había pasado nada fuera de lo normal, excepto estar un poco alegre.

De regreso caminé a la entrada del metro Insurgentes y me dolía el estómago. Pensé que me había hecho daño la comida o quizás estaba yo mareado, pero al momento de entrar al andén de repente me caí, perdí la consciencia y empecé a convulsionar. Varios policías me subieron a una camilla.

Sentí que hablaba mucha gente, pero no podía moverme ni hablar. Era una sensación muy extraña. Uno de los policías dijo, "Este hombre está bajo las influencias de alguna droga, no lo dejen subir al metro", mientras otro comentó, "No, lo que pasa es que se le bajó la presión y hay que darle Coca-Cola", y me la tomé.

No sabía bien qué estaba pasando a mi alrededor, al poco tiempo que la bebí me volvió a dar otra convulsión.

Llegamos a casa, me dormí pensando que al día siguiente podía ir a trabajar, pero justo al despertar me dio otra crisis. Para estas alturas llevaba tres crisis epilépticas en poco tiempo, así que decidí ir con un médico. El médico reunió a toda la familia y quiso hablar con mis papas en un restaurante. Les dijo: "Lo que le pasó a Fernando es a causa de tanto estrés. Debe de tomar un trago de alcohol para que se reponga".

El mesero me sirvió un caballito de tequila y antes de que me lo bebiera me volví a caer.

El doctor, ya medio desesperado, sentenció que lo mejor era internarme en una clínica por siete días con clonazepam, diazepam, y otros medicamentos que me tranquilizarían. Explicó que después de los siete días seguramente ya no tendría ninguna crisis. Sin embargo, al poco tiempo de dejar el hospital, tuve otra recaída y el médico en general se declaró incompetente y me mandó con un neurólogo.

Calvario de doctores

El doctor neurólogo especialista en epilepsia me mandó hacer un electroencefalograma y me enseñó un estudio con unos trazos, líneas rectas, otras con picos y dibujos raros que no entendí. Me pidió que no me preocupara, que tenía epilepsia y que tomándome una pastilla se me quitaba, pero tenía que regresar a consulta en quince días.

Regresé, me preguntó cómo me sentía, yo le confirmé que estaba bien, me cobró, y me pidió que regresar en otros quince días.

"Pero, doctor", le repliqué, "¿por qué me dio la convulsión?, ¿cuándo se me quitará?"

Me contestó: "En la próxima cita hablamos".

Regresé a los quince días. Le aseguré al doctor que me estaba tomando las pastillas y le pregunté cuándo me daría de alta. El doctor tenía la curva de la felicidad, estaba calvo, tendría unos cincuenta y pico de años, y mi pregunta le dio un ataque de risa.

"¿Por qué se ríe, doctor?"

"Perdón, pero la epilepsia no se cura, mi estimado. Es para toda la vida". Ante mi cara de interrogación, siguió diciendo, "No es por desilusionarlo, pero si gusta vaya a ver a cualquier otro médico neurólogo con especialidad en epilepsia y verá lo que le dicen. Es más, si no me cree, le regreso sus estudios. Yo lo puedo tratar para que sus crisis le den con menos frecuencia, pero como usted vea".

El doctor me pareció muy desagradable, y pensé para mis adentros, *este se está burlando de mí*. En la Ciudad de México, entre millones de personas, debe de haber un doctor especialista en epilepsia más amable o profesional. Sin embargo, por más que busqué y busqué en el directorio telefónico, ya que Google se fundó en 1998, no encontré médicos neurólogos especialistas en epilepsia por ningún lado.

Posteriormente me enteraría que hay un máximo de quince doctores privados en la Ciudad de México. Para una ciudad que cuenta con más de veinte millones de habitantes, más si contamos con el área conurbada, el número es muy bajo. Sin embargo, mi lucha continuó y fui a ver un doctor que me recomendaron cerca de avenida Universidad.

Pidió ver mis estudios y yo se los entregué, pero le pareció que el electroencefalograma no servía y me pidió hacerme otro. Pensé, *si este doctor me va a curar una enfermedad incurable, por qué no*. Él no me hizo el electroencefalograma como los otros doctores, quienes piden que hiperventiles o que te desveles, simplemente me pidió que me acostara, me puso los electrodos en la cabeza, apagó la luz, me pidió que cerrara los ojos, y de buenas a primeras me puso las luces que se prenden y se apagan, de colores, llamadas luces estroboscópicas. Me las puso durante unos cinco minutos. Al finalizar el estudio me dijo, "A usted no le dio absolutamente nada de crisis por más que le puse luces por algunos minutos. tiene epilepsia, quizás, pero nada de qué preocuparse, continuemos con el medicamento por un mes".

Regresé al mes y no se tomó más de cinco minutos en decirme que siguiera con la medicina y volviera en un año. "Si no presenta una crisis en ese año, es probable que en cinco o diez años se le quiten completamente".

"Pero, doctor", repliqué, "no será mejor cambiar de medicamento, quizás uno más potente, o menos".

Me contestó: "No sea usted ingenuo, la epilepsia no se cura, se controla. Le estoy dando un número de años para que tenga paciencia, mucha paciencia. Yo lo puedo controlar, pero usted busque a otro doctor si gusta".

No me convenció la idea y fui a ver otro doctor, y a otro y a otro, y todos me decían lo mismo: "La epilepsia es para toda la vida, tómese una pastillita y si sigue teniendo crisis cambiamos el medicamento".

Empecé tomando carbamazepina, uno de los medicamentos más antiguos y por lo tanto más económicos. Al año, o quizá un poco más, me recetaron la oxcarbazepina, que es como la carbamazepina, pero remasterizada, perdón, oxigenada, con menos efectos secundarios y ayuda más al cerebro para evitar descargas eléctricas. Cuando traté la carbamazepina y la oxcarbazepina me seguían dando crisis más o menos seguidas. Otro médico me recetó el valproato de magnesio, dijo que era lo máximo, pero en mi caso no funcionó, seguía teniendo crisis con la misma frecuencia, por dar un número, me daban quince al año.

Las crisis derivaban en fuertes golpes en la cabeza u otras partes de mi cuerpo, y varios meses del año me sentía muy cansado. Después intenté con el valproato de sodio, pero tampoco tuve una respuesta satisfactoria, a pesar de que el medicamento me lo tomaba a pie de la letra. Tomé también el famoso Vimpat, pero, en lugar de mejorar, empeoré.

Empecé con mis crisis epilépticas un enero de 1997 y para mediados de 1998 las crisis continuaban igual y no encontraba un doctor que me atendiera como yo quisiera, que me tratara como paciente, no como un número, ya que en algunas clínicas cuando uno quiere ver al doctor le dicen, "Pasé el número tal", y el médico tiene la obligación de liberarse del paciente en menos de diez minutos. Seguía sin explicación y me acordé de las palabras que me dijo el primer médico que visité: "Busqué y verá que todos son iguales".

Seguí buscando e intentando hasta que mi esposa me aconsejó que fuera a ver a un doctor cerca de Parque Lira… y ya no tenía nada que perder.

Entré y me dijo, "Siéntese. Fernando, ¿verdad? ¿O cómo quiere que lo llame?" En realidad, era la primera vez que de un doctor escuchaba mi nombre y fue música para mis oídos. Pero aun así me mantuve en guardia.

Me dijo que el estudio que llevaba estaba incompleto, pero que aun así me servía. Explicó: "La epilepsia es causada por descargas en el cerebro, pero aún a ciencia cierto no sabemos por qué suceden esas descargas eléctricas. Lo que sí sabemos es cómo dan y qué siente el paciente cuando las padece. La epilepsia no solo es para el paciente, sino para familiares y amigos, ya que afecta mucho emocionalmente. Uno puede perder amigos, novia, esposa, o lo que sea. Te voy a regalar un folleto para que tus parientes sepan qué hacer y qué no hacer en caso de una crisis epiléptica.

"La epilepsia puede ser causada por un cisticerco", me comentó el doctor, y yo le pregunté qué era eso. "Es un gusanito que se hospeda en la carne de puerco y puede llegar a tu cerebro, cuando la comes, provoca descargas. Además, voy a verificar tu vista, tus reflejos, tu forma de caminar (a ver si no te vas de lado), el sentido del oído, tus manos, si es que no tiemblan, o por qué, en dado caso.

"Yo creo que el medicamento que estás tomando no es el adecuado. Cambiémoslo por el levetiracetam y por la primidona. Pero no de golpe ni de tajo, no se puede dar un medicamento y suspender el otro, deje poco a poco el otro medicamento y empiece poco a poco con este medicamento".

A los pocos meses de estar con ese doctor, psicosomáticamente ya me sentía mejor, pero me pidió un electroencefalograma en su consultorio para verificar que el estudio anterior estuviera bien hecho.

Mas o menos con ese medicamento me mantuve estable y el doctor me dijo que si en dos años no volvía a tener una crisis podría darme de alta. Vea usted la comparación de diez años que me habían pedido esperar mientras este doctor me pedía solo dos. "Ya no es necesario que venga cada mes, solamente cuando tenga una crisis, para tenerlo en mi historial clínico".

Pasaron dos años y no se me quitaron las crisis, así que el doctor me dijo: "La verdad es que, en algunos casos, si en dos años el paciente no tiene crisis, se le puede quitar el medicamento, pero tu llevas dos y sigues con crisis. Esperemos otros cuatro años más", y esperé y esperé, pero las crisis siguieron.

Le comenté al doctor y me dijo. "La verdad no sé, no tengo ni la más remota idea. Un doctor, mi papá, me enseñó la teoría de las personas con epilepsia. Mi hermano es cirujano neurólogo y yo estudié la especialidad en epilepsia y los médicos nacionales dentro de la República no sabemos por qué dan descargas. Puede haber factores desencadenantes como desvelarse, tomar alcohol, café, chocolate, subir de peso, pero ya hemos estudiado por años y no se te quitan. No sé cómo ayudarte, pero te puedo mandar un poco de valeriana o de pasiflora para que estés más tranquilo y hacer que con ayuda del medicamento las crisis estén más separadas".

Y un día de esos tuve una crisis, pasó un mes, luego tres meses, después seis meses, un año. Y pensé, ya estoy curado ya voy de gane. Pasó un año y medio y de repente, de la nada, creo que viene el Maligno y me dio la crisis otra vez, solo que ahora más fuerte de lo que habitualmente me daban. En lugar de recuperarme en un minuto me tardé cinco. Regresé con el mismo médico, y me consoló, me dijo, "Lo siento, pero además de que yo no sé cómo ayudarte para que no te vengan más crisis seguidas, tampoco te puedo recomendar a alguien más". Me dijo que en el mundo había más de cincuenta millones de personas con la enfermedad. En la Ciudad de México hay aproximadamente doscientas mil personas, eso equivale a llenar dos veces el estadio azteca. De esas doscientas mil personas solo el tres por ciento son personas fotosensibles. De ese porcentaje el veinte por ciento son farmacorresistentes, y el diez por ciento de esas personas tienen una epilepsia de origen desconocido. Me dijo, "Tú, Fernando, eres de esas personas, fotosensible y tu epilepsia es de origen desconocido. Eres del porcentaje mínimo. Además, te caes y giras, no solo se mueven tus brazos y piernas, sino que tu espalda también. Te caes en un lado y despiertas en otro.

"Vas bien, a una persona que tiene un buen control le pueden dar hasta tres crisis al año, y tú a veces tienes una, a veces tienes dos, eres privilegiado. Naciste quizás con un don". Esto último francamente no lo quería creer, el porcentaje de las personas de origen desconocido es muy pequeño y una persona con epilepsia fotosensible es menor al cincuenta por ciento".

Privilegiado, creo que escuché mal, pero tiempo después lo entendí, porque solo una persona con epilepsia puede entender a otra persona que sufre de lo mismo y puede dar apoyo emocional. Antes de entrar a un grupo de apoyo tuve varias crisis de las cuales puedo contar algunas anécdotas.

Anécdotas

La modernidad (Escocia)

En 1999 me fui a Europa con mi esposa a visitar Escocia. Estando en la capital, en Glasgow, sufrí una crisis. En poco tiempo llegó la ambulancia y me llevó al hospital público. Ahí, el doctor me preguntó si estaba en condiciones de caminar, le dije que sí, me recomendó un whisky y me dejó salir sin firmar nada, sin pagar nada. En menos de media hora me dieron de alta, muy diferente a las costumbres de México.

En Dinamarca, por ejemplo, en una institución pública atienden a las personas con cáncer en dos días; en México en cuatro meses. En la Ciudad de México, en el Seguro Social, después de una crisis epiléptica te quieren internar al menos veinticuatro horas para hacerte varios estudios, llenarte de suero y a ver si te pueden pedir dinero si no tienes tu carnet o identificación. La ambulancia por unas cuantas cuadras te cobra mínimo $5,000.

La limpia
(centro comercial al sur de la Ciudad de México)

(Cabe decir que en cada crisis pierdo la memoria y solo el doctor tiene las fechas exactas de mis crisis, sin embargo, puedo decir que me empezaron en 1997 y aún no estoy curado. Llevo ya veintiocho años con la enfermedad.)

En una ocasión fui con mi esposa a un centro comercial de la Ciudad de México. Antes de entrar a una tienda departamental había varios locatarios que vendían productos de baja calidad, además de vender anafres y quesadillas. Estaba caminando por ahí y me dio la crisis.

La gente me sentó en una silla improvisada. Me quitaron la camisa y mi esposa salió rápida y presurosa por una medicina. Me arrojaron una cubeta de agua creían que estaba endemoniado o poseído por el demonio. El agua me despertó y empecé a preguntar por mi ropa y mis cosas, "¿Dónde están, ¿quién las tiene?" Entonces, cuando empecé a ver quién podía tener mis objetos personales me amarraron en la silla, y la gente empezó a hablar en una lengua o idioma desconocida para mí. No era español, obviamente, pero tampoco inglés ni francés. Después me enteré de que era tzotzil, una lengua originaria de Chiapas. Nunca les iba a entender, la mayoría de los hombres y algunas mujeres me empezaron a hablar en esa lengua que no pude descifrar.

Después sacaron incienso y me empezaron a perfumar, luego sacaron varias ramas de un arbolito que ellos mismos habían plantado ahí para casos extremos. Me llenaron de ramitas por todos lados, junto con el incienso, faltó poco para que me pasaran un huevo alrededor del cuerpo. Pasó un rato que me pareció eterno, llegó mi esposa, se acabó la limpia, y las personas me regresaron mi camisa y mis pertenencias. Fue la primera vez que me hicieron una limpia fuera de mi voluntad, y en la calle, para quitarme al demonio que me había poseído, que estaban dentro de mi cuerpo.

A esas alturas yo estaba muy desorientado, primero por la crisis y después por el baño de agua fría y por el dolor de cabeza que traía. Al cabo de treinta minutos, cuando pude vestirme y secarme pedimos un taxi para la casa y pasaron unos días para que pudiera recuperar el equilibrio por completo y el dolor de cabeza desapareciera.

La salvación (cuando una crisis me ayudó a no morir golpeado o muerto)

Mis crisis empezaron a los veintiséis años a los dieciocho empecé a saber manejar un vehículo, así que antes que me detectaran epilepsia podía conducir y después de una crisis también.

El doctor me había dicho que puedo manejar siempre y cuando me sienta en condiciones, pero no puedo manejar, por el contrario, si me siento mal. Me dijo, "No todos los casos de epilepsia son tratados de la misma manera", así que un día fui de compras en mi carro con mi esposa y después de haber hecho el mandado puse el alimento en el auto, prendí mi auto y me disponía a pagar el estacionamiento en una subida (mi carro era de velocidades) cuando se me fue un momento el freno y golpeé levemente el auto de atrás. Después pagué el estacionamiento y me bajé a ver qué le había pasado al otro auto.

No tenía nada, o al menos yo no le vi nada significante, sin embargo, el tipo que venía conduciendo el auto de atrás se levantó como energúmeno y exigió que le pagara miles de pesos por una cosa que valía, si acaso doscientos, entonces arranqué.

El tipo se fue detrás de mí, y antes que llegara a una avenida principal llamada calzada de Tlalpan apagué el auto, me puse el cinturón de seguridad y empecé a perder el conocimiento: era una crisis tónico-clónica generalizada; mi esposa estaba al lado mío.

El hombre (¿hombre?, más bien parecía un Neanderthal) me localizó y se consiguió un bate de béisbol. Estaba dispuesto a que le pagara miles de pesos por algo insignificante, venía encolerizado, en una mano traía el bate y, en la otra mano, piedras. Si no le pagaba, me iba a dejar herido.

Se acercó a mi ventana y me vio en plena crisis convulsiva, con los ojos en blanco, echando espuma por la boca, labios morados y pálido. Mi cuerpo se había vuelto blanco, sin vida, estaba como un cadáver. Y traía el cinturón de seguridad puesto.

Le preguntó a mi esposa qué me pasaba y ella le contó que era una crisis convulsiva. Inmediatamente después arrojó el bate, las piedras, y se regresó a su carro corriendo y echó su carro a toda velocidad. Eso lo supe porque me lo contó mi esposa, porque yo no me acuerdo de haber escuchado o visto algo.

Cuando acabó mi crisis, mi esposa me contó que el hombre me había visto convulsionando y había dicho, "No sabía que el señor tuviera crisis, los hubiera ayudado…" y se fue, porque quizás no querían que lo acusaran de homicidio. Por esa avenida pasan seguido algunos policías y creyó el Neanderthal que me había hecho algo mal y se fue.

La verdad es que desde hace ya varios años que la Ciudad de México es una de las ciudades más pobladas del mundo y puede haber estrés emocional.

La negligencia (México)

Algunos años después mi esposa y yo decidimos romper el vínculo matrimonial y empezar una nueva vida. Así que, por azares del destino, me encontré con una mujer alta, guapa, de pelo chino, con la cual hice una muy buena amistad. Un día la llevé cerca de mi casa por algún recado u objeto que se me había olvidado para ir a cenar. Me bajé de mi vehículo y mi pie se torció. Ella se rio un buen rato y yo pude ir a mi casa por el objeto, pero al llegar al vehículo ya no pude, mi pie lo tenía como jitomate, rojo e hinchado. Ella me dijo, "Mejor te llevo a la clínica del Seguro Social para que te revisen ese pie. No me gusta".

Me senté como pude en una de las bancas dentro de la institución mientras ella fue a pedir informes y a registrarme para que me atendieran. Junto a mi estaban unas personas y lo último que alcanzar a escuchar fue, "Se va a caer, se va a caer... se cayó".

Desperté en una cama con suero en el hospital, y me pregunté dónde estaba. Me comentaron que me había dado una crisis convulsiva y estaba en observación, pero me habían quitado toda la ropa y se la habían dado a la persona que venía conmigo. Me pusieron suero y no sé qué otra cosa en la vena y me informaron que no me podía ir hasta que se acabara el suero y alguien me trajera mi carnet o identificación oficial del Seguro.

Unas horas después llegó mi amiga y me informó que me habían ingresado en el hospital, pero no podía registrarme correctamente porque le faltaban algunos datos. Y me dijeron que, si no tenía mi carnet, el precio por estar ahí iba a ser de miles de pesos, que era como si fuera una institución privada, y de las más caras.

Entré a la clínica como a eso de las seis de la tarde y cuando yo ya estaba recuperado y le dije a mi acompañante mi nombre completo eran las doce de la mañana. Llegaron mis papás a ver qué pasaba, y aproximadamente a las 3 am salí del hospital, más confundido que otra cosa. Aprendí que algunos médicos en la Ciudad de México, si no tienes con qué pagar, no te curan o, por el contrario, no te dejan salir de la clínica si no pagas lo necesario. En realidad, los doctores privados se pasan por el arco del triunfo lo que decía el padre de la medicina Hipócrates, "Ayudaré a los enfermos por su bien, apartándome de toda injusticia".

El homicidio

Tiempo después, mi amiga se fue a vivir a otro estado y ya no tuve contacto con ella hasta muchos años después. Encontré otra mujer, nos conocimos, nos hicimos amigos, después novios, pero antes le comenté que padecía de epilepsia y, como me vio joven, guapo, y sin ningún defecto físico, creyó que me la estaba cotorreando hasta un día en el que estábamos a punto de tener intimidad. En eso estaba yo sentado en la cama con el torso desnudo cuando de repente dice que me habló, pero ya no le escuché absolutamente nada. Me volvió a hablar más fuerte y no contesté, cuando de repente me caí de la cama y empezaron las sacudidas. Golpeé el buró y tiré la lampara que estaba junto a la ventana, caí al piso y no recuerdo absolutamente nada.

Tiempo después me subí a la cama y ella empezó a gritarme, "Eres un desgraciado, malnacido, ¿no sabes que si te mueres me pueden acusar de homicidio?

"Tienes taquicardia, tus labios estaban morados, te faltaba el oxígeno, presión alta" y otras lindezas que no recuerdo y no puedo escribir aquí. Inmediatamente se levantó, se puso la ropa, y me pidió que no volviera a buscarla.

Por poco y acabo siendo demandado por una persona que es o era ignorante sobre la epilepsia y no sabía qué hacer en caso de una crisis, y tampoco sabía que yo estaba inconsciente.

Hospitalización

Un día fui a mi trabajo, era época de lluvias. Me habían prohibido manejar, así que pedí un taxi particular de esos de la aplicación para que pasara por mí y me llevara a mi casa. En el trayecto empezó a llover, primero poco y después a cántaros, llego un momento dado que las gotas se formaron en pelotas de nieve y granizo. Mientas nos dirigíamos a mi hogar yo estaba sentado en la parte trasera del vehículo viendo mi teléfono celular y de repente una fuerza brutal me empujó contra el respaldo de adelante, al mismo tiempo escuché un ruido muy fuerte: el chofer del taxi había chocado con un autobús que venía en contraflujo.

Rápidamente se me hinchó la nariz y tuve un golpe más o menos fuerte. Empecé a sangrar profusamente del tabique nasal y el chofer se limitó a darme un pañuelo desechable para quitarme la sangre, mas no lo hinchado. Se bajó el chofer del auto y fui siguiéndole. El vehículo estaba hecho pedazos de la parte de adelante. Así que le comenté al chofer, "Si el carro ya no sirve, lo recomendable en estos casos es que no me cobre por el servicio, y además me dé un pase médico. Me está doliendo la parte posterior del cuello, quizá tenga un esguince".

El chofer se negó rotundamente, le habló a su seguro particular y se puso a hacer papeleo mientras yo me encontraba herido. Le volví a pedir que me diera mi pase médico y se negó, pero el seguro del auto estaba a mi favor. Me bajé del vehículo y les pedí que se apuraran, había chocado a las dos y ya eran las seis y media horas y no se resolvía nada. De repente sentí como si fuera abducido, se me aflojaron las piernas y caí de bruces, totalmente inconsciente. En realidad, me dio una crisis, di vueltas en la banqueta arrastrándome, tenía taquicardia, ojos en blanco, palidez mortuoria, y quedé inconsciente.

Cuando vi que estaba sangrando y el chofer iba a tardar, le hablé a una amiga y posteriormente trató de ayudarme y de detenerme, pero la tiré una o dos veces, causándole raspones y contracturas musculares. El chofer del vehículo accedió inmediatamente a que me revisara un médico, tal vez pensó, ¿y si se muere? Quizá me acusen de algo más grave.

Me dieron el pase médico, fui a cenar como a las siete y media a un lugar cerca de ahí, sin medicamento y ya francamente exhausto, y al día siguiente fui a un hospital que está en la calle de Álvaro Obregón en la colonia Roma en la Ciudad de México y me hicieron una radiografía de la cabeza. Apareció que tenía en aquel entonces más de sesenta cicatrices, o sea que me había dado más de sesenta golpes, aproximadamente tres por año, más otros tantos cuando empecé.

Ese estudio ningún neurólogo especialista en epilepsia me lo había mandado, esa vez me lo pidieron por el dolor de cuello, que por cierto los doctores dijeron que había tenido un esguince en primer grado y que me tomara unas pastillas y descansara unos días.

Ese día y algunos posteriores estaba yo sumamente cansado, sólo llegué a caminar algunos cientos de metros cuando antes caminaba yo kilómetros.

La discriminación

Un día me invitó mi amiga Olga a conocer el Ángel de la Independencia por dentro. Un grupo de personas con epilepsia, quienes padecían ausencias mioclonías o parciales simples, nos quedamos de ver en la mañana cerca del Ángel ya desayunados. Nos dieron un pase especial para poder subir hasta arriba y fue subiendo el grupo. Las escaleras se hacían cada vez más estrechas y había poca iluminación, de hecho, solo se puede subir de uno en uno.

Ascendieron todos y cuando estaba a la mitad o más de la mitad de subir sentí que me faltaba el oxígeno y me entró como un ataque de pánico. Como pude bajé las escaleras rompiendo todas las luces que estaban cerca, al final ya ni caminaba para descender, sino que me arrastraba. Cuando vi la luz que daba a la calle y terminé de bajar el último escalón, tuve una crisis convulsiva.

El personal del monumento me ayudó a salir y me dio los primeros auxilios físicos y emocionales mientras les hablaban a los otros compañeros para que bajaran porque me había puesto mal.

Llegaron y empezaron a gritarle a Olga. "Por qué lo traes si sabes que tiene epilepsia".

"¡Ustedes también tienen!" les respondió Olga.

"Pero a nosotros no nos da tónico-clónico generalizada. Qué vergüenza, mira a la gente. No lo vuelvas a invitar".

A mí también me gritaron: "Nos arruinaste el día. Por qué no mejor te vas a tu casa, nosotros nos vamos como venimos. Qué tipo más desagradable".

Medio desorientado, llegué a mi casa a descansar. Aquí aprendí que las personas con epilepsia pueden discriminar a personas con epilepsia en lugar de ayudarlas, el homo sapiens es muy raro.

CAPÍTULO IX

Dieta y cuidados para una persona con epilepsia

L a epilepsia es una enfermedad muy compleja que afecta a familiares y amigos. Puede haber discriminación, burlas, ignorancia, o quizás piensan que es chantaje y no saben cómo tratarla o cómo ayudar a las personas ni qué darles de comer o beber.

He aquí un listado de las reglas de oro para personas con epilepsia:

1. Prohibido ingerir bebidas alcohólicas a menos que el médico neurólogo especialista en epilepsia lo permita. Como nota curiosa, llevo más de dos décadas sin probar una gota de alcohol y cuando alguien me da un trago, ya sea en postre, como con las crepas o algún pastel enviando, mi paladar automáticamente lo siente y lo rechaza.

2. Prohibido beber refrescos de cola, más que nada la Coca-Cola, Pepsi, Red Cola, pues tienen cafeína y mucha azúcar y edulcorantes. Como dice Rius,

"la droga que refresca" es la peor bebida que puede tomar alguna persona.

3. Evita la carne de puerco, pues esa grasa animal diluye el medicamento en la sangre. La carne de cerdo también puede llegar a tener un animalito llamado cisticerco que se alimenta del cerebro o provoca crisis epilépticas.

4. Prohibido dormir menos de ocho horas diarias.

5. Tomar el medicamento según las instrucciones del doctor, sin falta.

Existe otra dieta para las personas de difícil control que debe ser vigilada con el neurólogo y con el nutriólogo, esta se llama dieta cetogenica, baja en carbohidratos y alta en grasa.

CAPÍTULO X

Un grupo de apoyo

Pasó al menos una década y me seguían dando crisis y no sabía qué hacer. Había perdido algunos amigos y la posibilidad de tener una novia por esta enfermedad, así que un día vi en internet que había un chat, entré a una sala y empecé a contactar a personas. Una de ellas fue una señorita amable. Le dije que yo padecía epilepsia y me dijo que ella también, incluso me comentó que todos los sábados se reunían en la Colonia del Valle varias personas y me invitó, aclarándome que no iban doctores, no recetaban medicamentos, pero sí iba a conocer a otros epilépticos y podía ser escuchado y escuchado a la vez y podría yo encontrar amigos tal vez, y que quizá en el futuro podría ayudar a otras personas con epilepsia. La verdad es que no le creí nada, pero me movió la curiosidad.

El horario era de 9 am a 2 pm. Fui y pregunté por la persona que me había invitado, pero ella no fue. Le marqué por teléfono y me comentó que le había dado una crisis y por eso no había podido ir, pero que me uniera al grupo, así que me acerqué a ellos muy poco.

Había una mujer menuda de pelo güero que saludaba a hombres y mujeres de beso, estaban en la entrada y yo, tímido, me alejé un poco. De repente me vieron y escuché, "Se va a caer, se va a caer, se cayó".

Me reincorporé y sufrí una de las mayores vergüenzas que he pasado en mi vida. La muchacha que me recibió tenía un ojo morado con una bolsa de hielo y su bolsa rota.

Le pregunté, "¿Qué te pasó?"

"Me pegaste", me dijo.

"Perdón, pero nunca fue mi intención pegarte, por qué habría de pegarte, además tienes tu bolsa rota, nunca le pegaría a una dama, y menos le rompería su bolsa".

Me dijo: "Lo que pasa es que te dio una crisis".

"Sinceramente no me acuerdo de nada, si quieres te pago la bolsa".

Pero ella me pidió que no me preocupara, que estaba más interesada en que entrara al grupo. "Verás, aquí todos padecemos la epilepsia de alguna forma u otra".

Sentí una pena horrible, pero seguí asistiendo al grupo, al cual he pertenecido por diecinueve años. En este grupo me siento como parte, o, mejor dicho, es mi otra familia. He aprendido a convivir con un paciente con epilepsia.

Ahí aprendí sobre los diferentes tipos de epilepsia que existen y que uno no está solo, que hay personas que tuvieron crisis de difícil control y que por lo tanto fueron candidatos a cirugía, uno de ellos se operó, pero quedó mal y no reconoció a sus papás y ya no pudo hablar, otro quedó mal del pie y ya no pudo caminar bien. Sin embargo, existen personas que se operaron y les disminuyeron las crisis considerablemente. Entendí el término "muerte súbita", que es cuando te dan muchas crisis en un breve periodo de tiempo, el cerebro no se recupera y fallece la persona. El coordinador del grupo le dio otra cosa parecida, llamada "estado epiléptico", que es cuando por tantas descargas la persona queda en coma, con riesgo de fallecer.

El uso del cannabidiol no es recomendable. Algunos compañeros hombres se hicieron amigos de algunas mujeres, tuvieron romances y se casaron, y llevan ya años de casados. También aprendí que el estrés es un factor que puede desencadenar crisis, así como las desveladas y la ingesta de alcohol.

Sin embargo, lo más importante es que, a lo largo de diecinueve años, en el grupo he tenido amigos y cuando he tenido una crisis han ido a apoyarme. Incluso me han ayudado en las ocasiones en que me ha dado en la calle y me han querido llevar de emergencia al hospital en una ambulancia con un precio exagerado. Los paramédicos, cuando he tenido crisis (taquicardia, labios morados, a punto de morir) en lugar de ayudarme estos pseudodoctores me quieren llevar a un hospital de alta especialidad. Sin embargo, cuando aún no me puedo levantar, pero puedo hablar, le marco al coordinador del grupo o a cualquier amigo del grupo y cuento lo que me pasó. Le paso al paramédico falso y le explica que es normal lo que me pasa, que él se hace responsable por mí por teléfono, y al cabo de un rato me dejan ir. También estuvieron, por ejemplo, en el velorio de mi señor padre en el 2008, y cuando falleció mi mamá en el año 2023.

Quien tiene un amigo tiene un tesoro y ellos han estado conmigo desde el primer momento en el que entré hasta la actualidad.

El coordinador tiene casi setenta años, y lleva sesenta de esos años con la enfermedad. A veces le dan crisis en la noche, pero a pesar de ellos lo vemos todos los sábados, como Dios le da a entender, exponiendo el tema correspondiente. Él es un ejemplo de que la crisis no siempre mantiene a los enfermos en cama por horas, sino que se levanta, con dificultad, pero está siempre con sus amigos.

Claro que en estos diecinueve años me ha tocado ver otros ejemplos de epilepsia. Como el de una muchacha que se para de su asiento, se pone a caminar, pero no sabe a dónde va, en un tipo de crisis parcial compleja. Se levantan a ayudarla, pues una sola persona no puede, ni dos ni tres, solo hasta cuatro personas la alcanzan a guiar hasta llevarla nuevamente a su lugar. Otro caso es el de un señor que dobla la cabeza y de repente empieza a escupir a diestra y siniestra. Una vez vi con mis propios ojos a una mujer que tenía enfrente un cubo de Rubik, lo armó en segundos, despertó, y nunca lo volvió a armar.

Ha habido gente buena que me ha ayudado en varias cosas, sin embargo, el grupo también vive momentos álgidos, sobre todo cuando han fallecido miembros. En 2021 falleció una compañera a los treinta y cinco años por muerte súbita: se fue a dormir y ya no despertó porque le dieron varias crisis sin que nadie se diera cuenta y su corazón dejó de latir. O estuvo el caso de Miguel, quien tendría sesenta y dos años y falleció de cáncer de colon; también tenía epilepsia y paranoia. Sergio, un hombre de sesenta y tantos años a quien le gustaba mucho bailar, también falleció, aunque no fue de epilepsia.

Capítulo XI

Personas exitosas con epilepsia

E l rey Saúl, rey de Israel en los años 1030-1010 a.c., quien derrotó a los amonitas (descendientes de Amón), moabitas (descendientes de Moab), y filisteos, es el primer personaje del que se tiene documentada una crisis epiléptica. El libro de Samuel detalla sus crisis en el capítulo 10 (1 Sam 10:10), que dice: "[...] y un espíritu de Dios le sorprendía, y le hacía entrar en un estado de éxtasis". En el capítulo 16 (1 Sam. 16:14) se habla de un espíritu maligno de Dios que castigaba a Samuel en ocasiones: "[...] y le atormentaba un espíritu maligno de Yahvé", y dos capítulos después: "Al día siguiente sucedió que un espíritu maligno llegó sobre Saúl, desencadenando su furia en su interior".

Alejandro Magno (356-323 a.C.), rey de Macedonia, del 336 al 323 ocupó Éfeso, Halicarnaso, Pérgamo, Mileto, Fenicia, Gaza, Judea, Egipto, y fundó la ciudad de Alejandría, donde se encontraba la biblioteca más grande del mundo y también el famoso Faro, una de las maravillas del mundo antiguo. Conquistó además Persia y Babilonia. Él también sufría de crisis convulsivas.

Bajo el mando de Julio Cesar (100-144 a.c.) se produjo el máximo auge de Roma, y él también sufría de epilepsia. Tuvo convulsiones mientras escuchaba un discurso de Cicerón. Tuvo convulsiones en el Senado, mientras le ofrecían la corona del emperador, durante una campaña militar en el norte de África, y en Córdoba, España.

Saulo de Tarso (10-67 d.c.) también llamado San Pablo, nació en Tarso, antigua colonia romana. Estuvo en contra de los cristianos e incluso aprobó la lapidación de Esteban en el año 30 d.c., y después mandó a azotar a los que creían en Jesús. Según los Hechos de los Apóstoles 9:1-9, cuando fue a Damasco tuvo una crisis de epilepsia, o varias, y se cayó de su caballo. De repente oyó una voz que decía, "Saulo, ¿por qué me persigues?" Se levantó, tenía los ojos abiertos, pero no veía nada y se hizo cristiano.

La vida de San Pablo es excepcional, véase como santo u hombre. Los romanos lo encarcelaron y lo torturaron, y a pesar de eso ya nunca negó la fe en Dios, siguió afirmando que era necesario creer en Dios para salvarse hasta que lo decapitaron.

Juana de Arco, la princesa de Orleans (1412-1431), sufrió de visiones y ataques epilépticos desde 1425, sin embargo, fue una heroína y guio a los franceses a liberase de los ingleses desde 1429. Juana veía cosas y escuchaba voces. A veces se quedaba quieta y fue así como la capturaron en enero de 1431 y la sentenciaron a morir en la hoguera en mayo de ese mismo año, por herejía. En 1925 fue convertida en mártir y santa por el Papa Benedicto XV.

Teresa de Jesús, o Santa Teresa, (1515-1582) menciona en su libro *Las moradas* que tenía epilepsia y después de las crisis le venía un poco de inspiración para escribir.

Sir Isaac Newton (1643-1727), uno de los más grandes científicos de la historia, quien postuló tres leyes que llevan su nombre, descubrió la descomposición de la luz, la fuerza de la gravedad, entre otras cosas, era misógino y sufría de ataques de epilepsia y de ansiedad. Vivía solo.

Napoleón Bonaparte (1769-1821), uno de los más grandes generales de toda la historia, conquistó Egipto, Nápoles, Holanda, Alemania y España. Sufría de epilepsia.

Edgar Allan Poe (1809-1849) fue escritor de cuentos de terror como "El gato negro", "La caída de la casa Usher", "Los asesinatos en la calle Morgue", "La fosa y el péndulo". sufría de epilepsia, tenía crisis parciales complejas. (hacia cosas extrañas perdía la conciencia y luego no sabía que paso)

Fiodor Dostoyevski (1821-1881) uno de los principales escritores rusos del siglo XIX, entre sus obras están "Crimen y Castigo" "Los Hermanos Karamazov" "Los endemoniados" y "el idiota" en la cual habla de un joven que tiene epilepsia y que va a una clínica para curarse

Vincent Van Gogh (1853-1890), uno de los grandes pintores holandeses, sufría de paranoia, esquizofrenia y epilepsia. En uno de esos ataques se cortó la oreja y se la dio a una prostituta llamada Raquel para pagarle sus servicios. En 1996 se unirían unos cantantes españoles para formar el grupo musical La oreja de Van Gogh, que se hizo famoso por escribir "La canción más bonita del mundo".

Lenin (1870-1924) líder de la Revolución de octubre de 1917, y primer presidente de la Unión de Repúblicas Soviéticas Socialistas, tenía epilepsia desde su juventud. Falleció de causas provocadas por la epilepsia.

Albert Einstein (1879-1955), el mayor genio después de Newton descubrió la teoría de la relatividad general y especial y su famosa ecuación e=mc2, donde la energía es igual a la masa al cuadrado. Curiosamente por sus descubrimientos de la relatividad y la famosa ecuación no ganó el Premio Nobel, sino que lo recibió en 1921 por sus trabajos sobre el efecto fotoeléctrico, en los que dice que la energía se convierte en masa por la velocidad de la luz al cuadrado. Él también sufría de epilepsia y era misógino.

Frida Kahlo (1907-1954), pintora internacional, antes de su accidente en 1925 sufrió de poliomielitis y de la epilepsia heredada de su papá.

Roberto Gómez Bolaños (1929-2014), el famoso Chespirito, se proclamó así porque decía que era una parodia de Shakespeare, pero como no lo podía pronunciar decía "Chespir" y como era bajito decía "Chespirito". Fue uno de los mejores comediantes de México, se hizo famoso internacionalmente por *El chavo del ocho*. Quizás él no padecía la enfermedad, pero algunos de sus personajes hacen alusiones a la epilepsia, como con la garrotera y con las chiripiorcas.

Neil Young (1945) es un músico canadiense, uno de los genios de la música rock y funk, y padece de epilepsia.

Elton John (1947), cantante y compositor de rock británico, en sus memorias dijo varias veces que padecía epilepsia.

Prince (1958-2016), cantante estadounidense, dijo en varias ocasiones que sufría de epilepsia.

Mónica Pretelini (1962-2007), primera esposa del expresidente Enrique Peña Nieto, murió en enero del 2007 de un paro cardiorrespiratorio tras sufrir una crisis epiléptica.

Marion Clignet (1964), ciclista estadounidense, tuvo su primera crisis epiléptica a los diecisiete años, después le quitaron la licencia de conducir por tener la enfermedad y cambió el auto por una bicicleta. Sufrió discriminación en su país y triunfó en la bicicleta, con una carrera llena de éxitos, ganando la medalla de plata en dos juegos olímpicos en 1996 y en el 2000.

Ronaldo (1976), jugador de futbol, quien iba a jugar la final del Mundial en Francia 1988, antes de jugar sufrió de una crisis de epilepsia y para el día siguiente estaba sumamente agotado. Era un jugador clave para Brasil, sin embargo. Cuatro años más tarde, en el 2002, Ronaldo fue el máximo anotador en el Mundial, además de campeón mundial.

Cameron Boyce (1999-2019), actor, bailarín y cantante estadounidense que participó en más de diez películas y grabo dos discos. Padeció epilepsia desde los dieciséis años. Un día se fue a dormir y ya no despertó, falleció por un estado epiléptico.

Le pasó lo mismo que a mi amiga Mirna.

CAPÍTULO XII

Cómo la epilepsia
enfrenta la vida diaria

L a primera vez que nos dicen que tenemos epilepsia, y
es para toda la vida, es como si recibiéramos un golpe
muy fuerte y nos preguntamos por qué a nosotros, tal vez
haya sido producto de una maldición. La epilepsia nos
provoca sacudidas por todo el cuerpo, a veces nos caemos
y nos herimos de tal manera que recibimos golpes en la
cara, en las extremidades o en el tórax. ¿Después de una
caída nos quedamos sentados en la calle a ver si alguien
tiene misericordia de nosotros? No, después de un golpe
fuerte nos levantamos y nos vamos a nuestra casa a descansar a contar nuestras heridas, a curarnos, y al día
siguiente tenemos que seguir con nuestras actividades
diarias, ya que, en la mayoría de los casos, o al menos en
un noventa por ciento, la persona con epilepsia camina
sola, y no anda diciéndole a nadie que tiene epilepsia. Si
lo dijera, la mayoría de los mortales no sabrían cómo dar
los primeros auxilios. Además, alguna vez se rieron de mí
por decir que tengo epilepsia, me dijeron que estaba loco
de remate.

Como cuando se vive el duelo por la muerte de un familiar, cuando nos diagnostican a veces nos preguntamos por qué pasa y si pudimos haber hecho algo para evitarlo. La realidad es que no, cuando llega la muerte, la cual nos va a pasar a todos, no se puede evitar. Dice un dicho que "cuando te toca, te toca, aunque no te pongas, y cuando no te toca, no te toca, aunque te pongas". En muchas ocasiones lloramos, gritamos, incluso nos enojamos, nos desesperamos y luego nos entristecemos, sin embargo, por muy querido que sea nuestro familiar, esposa, esposo, hijo, padre o madre, si es nuestro deseo velarlo, honrar su memoria, no hay que dejar que el duelo se extienda más de seis meses, pues entonces se vuelve patológico.

En caso de crisis epiléptica tónico-clónica, que me da en ocasiones, grito, me desespero, lloro me levanto y me voy a mi casa. Si es entre semana, al día siguiente me paro y me voy a trabajar, no permito que la depresión entre en mi vida. No puedo permitir estar todo el tiempo en la cama por una crisis o por un simple dolor de cabeza, espero unos días y hago mis actividades como suelo hacerlo, e incluso llego a pensar que estoy bien y que algún día me voy a curar.

No permito que me derrumbe la tristeza ni la melancolía.

Conozco a personas que, a causa de muertes cercanas, se quedaron encerradas en casa un año o que nunca más volvieron a sonreír porque se había muerto su familiar. Eso no puede ser. Debe uno pasar el luto unos días y después saber que en algún momento se podrán reunir con su ser querido en donde sea.

En varios casos la epilepsia es sinónimo de frustración y se preguntan los adolescentes, "¿Yo por qué voy a vivir si ya no tengo con quién vivir? Mis amigos se van a burlar de mí, además de que es para toda la vida", y optan por el suicidio. En otras personas que no tienen epilepsia la gente prefiere quitarse la vida para evitar deudas, no morir a causa de un loco, tener una enfermedad mortal incurable y con tratamientos costosos o para evitar una vergüenza en la familia. En algunos casos el suicidio no llega como quisiera uno y quedan paralíticos o hemipléjicos para toda la vida, y si suponemos que alguien no los quiso por la epilepsia por ser hemipléjicos, va a ser más difícil. Existen personas que no sufren de la epilepsia, se sienten solos, o sin ninguna meta en este mundo, y se quieren quitar la vida, sin embargo, en algunas ocasiones fracasan en el intento y quedan paralíticos.

Mejor enfrentar el mal que padecemos y luchar contra él. Como dice el refrán: "No hay mal que dure cien años ni enfermo que lo resista".

Algunos consejos para una persona exitosa

La epilepsia nos ayuda a curarnos de nosotros mismos, a querernos más si usted todos los días se levanta de la cama y se ve al espejo y se dice que hoy es un día glorioso, que usted es el mejor ser humano, que tiene un cerebro que dicta información y un corazón que irriga sangre. "Si en realidad existen personas que les falta una pierna y son más hábiles que yo, ¿por qué no podría yo hacer eso?"

Una persona con epilepsia se interesa más por su enfermedad y por cómo ayudar a las demás personas y ser felices; una persona que no sufre la enfermedad investiga más en su campo de estudio, como de abogacía, contabilidad, astronomía, ingeniería, etc., pero no solo eso, el cerebro humano es incomprensible, sin embargo, cada día aparecen nuevas cosas en el campo de la epilepsia, como la manera de detectarla desde el embarazo, saber si el feto ya viene con la enfermedad y si es hereditaria o genética. Con esta información es más fácil dar un diagnóstico cuando el bebé nace.

La tecnología avanza de manera increíblemente rápida y un celular que se compró hace seis meses después de un breve periodo de tiempo está desactualizado. Se inventó Alexa, o Siri, la televisión se prende ya con la voz al igual que los sistemas de seguridad, en China funcionan ya los taxis voladores, o en Estados Unidos hay tráileres que manejan sin un chofer o sin gente arriba, todo lo hacen por medio de robots o gente que lo conducen desde otra ciudad; ¿qué nuevo invento que sirva a la humanidad saldrá este año?

Por otro lado, el ser humano es demasiado curioso y ha nacido para investigar y hacer estudios. El estudio del universo data de hace milenios antes de Cristo y actualmente está el telescopio James Webb explorando el espacio.

La epilepsia no detiene a las personas. Newton y Einstein fueron grandes genios de la física a pesar de la enfermedad, entonces usted dedíquese a ser feliz y a amar y explicarle a varias personas lo que le pasa para que lo puedan ayudar, y si no le creen, ni modo. Explique qué fue lo que estudió, qué aprendió. Si usted es de las personas que les cuesta trabajo leer y escribir entonces enseñe a los demás oralmente, enseñe sus conocimientos de algún modo. Si es un doctor, de consultas, vaya a un gimnasio o haga ejercicio por diversión, lea, escriba, toca la guitarra o cante o es bueno para alguna cuestión, las personas le van a agradecer que comparta sus conocimientos, si no es así, entonces lo invito a visitar museos en su ciudad, recorra parques, no se deprima, haga que sus sentidos valgan la pena. Disfrute la vida, algunos nacemos para aprender, otros para escuchar, algunos más para aconsejar. Y, sobre todo, siempre regale una sonrisa, no cuesta nada al que la da y el que la recibe tiene una alegría en su corazón. Abrace, diga te quiero, y frecuente a sus amigos

No se deje porque lo discriminen o le griten, eso le ayuda como experiencia. No se queje porque tiene menos que los demás o vive en un lugar modesto, más bien de gracias a la vida por lo que tiene y lo poco o mucho aprovéchelo. Usted tiene mucha experiencia en algún tema y puede ayudar a los demás en algo. Si no sabe de primeros auxilios, tome un curso; si no sabe de la diabetes, el cáncer, el Parkinson o el Alzheimer, investigue para ayudar a esas personas.

Una crisis de epilepsia lo deja a uno mal por unos minutos, horas, quizás por unos días, pero uno después se levanta con más ganas de hacer lo que debería y más rápido. Quizás haya crisis en el matrimonio, crisis financieras, emocionales, psicológicas, tal vez exista la depresión en su vida y todo esto lo va a detener, va a estar en casa mientras esto sucede, ¿su esposa va a estar esperándolo días o meses hasta que ese ánimo suba?, no va a poder ayudar a sus hijos o su esposo, no podrá convivir con usted, si se tiene un conflicto matrimonial hable con su pareja y lleguen a un acuerdo; si no logran vivir juntos entonces sepárese y viva feliz viva el dia a dia si se tiene una crisis económica, entonces vea la forma de emprender un nuevo negocio o vender algo o ser proactivo; cheque la motivación de los demás y empiece con un nuevo proyecto; si tiene crisis emociónales acuda al psicólogo o psiquiatra de su preferencia para que en poco tiempo usted le demuestre a los demás que es bueno, y que puede salir adelante, puede dominar el arte de las ventas o hacerle de carpintero, plomero, albañil, licenciado, arquitecto, ingeniero, investigue cuáles son sus virtudes, qué hace que las personas lo amen y qué ama usted. El hombre es un animal social por naturaleza

Algunas personas tienen habilidad para dominar varios idiomas, otros para curar, otros para socializar, enfóquese en algo, lea, asista al cine, a las bellas artes, al teatro, etc. Al menos en la ciudad de México y en Morelia, Michoacán. Existen obras de teatro, gratis, o cine gratis en la casa natal de Morelos, en Morelia. Como dijera Isaac Asimov, en su libro "Introducción a la ciencia" El ser humano es curioso e inquieto por naturaleza, lo peor que le puede pasar a un hombre o mujer es estar encerrado sin tener contacto con alguien ni con los libros para despertar la imaginación. Sin embargo, aun así, la mente del hombre está en un constante aprendizaje

A las personas con epilepsia les prohíben manejar y beber alcohol, sin embargo, ¿eso es todo lo que se puede hacer en esta vida? No. Uno viene a ser feliz, pero existe mucha gente que con limitaciones ha salido adelante. Incluso existen las olimpiadas para personas con capacidades diferentes. Un caso famoso es el de Nick Vuijic, que nació sin brazos ni piernas y hasta hace poco daba conferencias de autoestima en varios países.

Figura 8 Nick Vuijic[6]

Las crisis de epilepsia nos enseñan que cuando nos caemos hay que levantarnos más fuertes. Existen crisis emocionales, financiera, roturas de matrimonio o pérdidas de un ser querido, independientemente de cualquier religión, la persona puede deprimirse, incluso me tocó vivir el caso de un amigo mío que falleció su papá y en un año no salió de casa por la depresión y el papá que falleció su hijo se fue con el dios Baco por un año, no trabajó y estaba mendingando.

Mi mamá, que en paz descanse, no tenía epilepsia, y nunca supo lo que era la baja autoestima ni la depresión, ella tuvo en mente otras cosas como leer, hacer cuentas, ver una película, salir a caminar, ir de compras, divertirse, pasear. En lugar de estar encerrado, viva la vida, disfrute, practique juegos de superación como el cubo de Rubik, los crucigramas, sopa de letras, sudoku: la mente, como su físico, también debe alimentarse de ejercicio.

[6] Ferroni, Augusto. "Nick Vujicic, una historia inspiradora." *Medium*, 10 Oct. 2017, https://medium.com/@augustoferroni/nick-vujicic-una-historia-inspiradora-1dc25ab176af.

Mi padre, que en paz descanse, decía, "Después de mucho estrés, voy a ir a un cuarto a estar solo, a platicar conmigo mismo o con Dios de las dificultades de la vida, porque mi mejor amigo soy yo mismo. Necesito meditar un rato para ver cómo voy a enfrentar las dificultades que se me presentan en la vida. ¡A mejorar la autoestima! Si tienes un problema y tiene solución, para qué te preocupas, y si no lo tiene, para qué te preocupas".

Como se ha visto, existen muchas personas con epilepsia que han sobresalido, ¿tú por qué no? Aunque no tengas epilepsia, quizás tengas baja la autoestima, o quizá te hayan prohibido algo y tengas miedo a alguna cosa o situación, ¿por eso vas a dejar de ser audaz y valiente? No. A vivir la vida.

A continuación, hablo de algunas personas que tienen o tuvieron alguna incapacidad física o mental que los ha llevado al éxito.

Capítulo XIII

Casos de éxito

L ouis Braille (Francia, 1809) nació sin ninguna discapacidad, pero a los tres años sufrió de un accidente que le afectó un ojo y a los cinco perdió la vista definitivamente. Su padre dijo que él no iba a decir que era diferente a los demás, así que lo llevó a una escuela donde estudiaban niños con vista, y luego lo llevó a una escuela para ciegos. El joven Braille se aburrió de cómo aprender a leer y escribir con el método anterior, era muy complicado, así que decidió inventar el sistema para débiles visuales y faltos de vista para escribir y leer, y este aún funciona en la actualidad. Se llama método Braille.

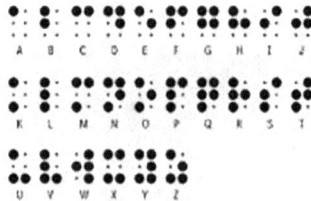

Figura 9: Letras del alfabeto Braille[7]

---

[7] "Día Mundial del Braille." *Gobierno de México – Conadis,* 4 ene. 2022, www.gob.mx/conadis/articulos/dia-mundial-del-braille-89348?idiom=esD. Imagen.

Hellen Keller (Alabama, 1880) nació en Estados Unidos sin ningún problema, pero a los dieciocho meses sufrió una enfermedad rara que le provocó la ceguera y la sordera total. Al principio fue muy traumático, sin embargo, poco a poco fue enseñándose a leer y escribir. Se apoyó con el sistema Braille y con ayuda de otro método que ella mismo inventó. Entró a la universidad, escribió varios libros, uno de los cuales se llama *Historia de mi vida*, que ha sido traducido a cincuenta idiomas.

Stephen Hawking nació en Oxford, Reino Unido, en 1942. En la adolescencia empezó a tener dificultad para mover las piernas y no podía jugar básquetbol como los demás. Pronto le detectaron la enfermedad de Lou Gherig, o esclerosis lateral amiotrófica, una enfermedad crónica y que cada día iba a imposibilitar más la movilidad de los miembros superiores o inferiores.

Los doctores le dieron unos cuantos años de vida, o sea que iba a fallecer a más tardar a finales de la década de los sesenta. Sin embargo, él dijo, "Yo no puedo estar lamentándome toda la vida por mi enfermedad, tengo que hacer algo", y se puso a estudiar astronomía y llegó a ser un astrofísico y divulgador científico. Estudió la carrera de astrofísica, se tituló, estudió la maestría, se tituló, estudió el doctorado, se tituló, y con el máximo título, *honoris causa*, la máxima calificación para un estudiante. Después se puso a estudiar el cielo y vio los agujeros negros, los cuales decía no eran tan negros, ya que descubrió que una partícula sale de ellos, denominándose después la partícula de Hawking. Escribió varios libros entre los que destacan *Breve historia del tiempo*, donde explica que ha tenido éxito debido a que se ha parado sobre hombros de gigantes, pues se basó en Isaac Newton.

Andrea Bocelli nació en 1958 en un pequeño pueblo de Italia llamado Lajatico. Desde los primeros ultrasonidos que le hicieron a su madre, le advirtieron que había algo diferente en el bebé y que le recomendaban a abortar. A los doce años Andrea ya era completamente ciego, sin embargo, en lugar de decepcionarse, se convirtió en un cantante, multiinstrumentista, productor musical, entre otras cosas. Ha vendido más de setenta millones de discos en todo el mundo, se casó, se divorció, se volvió a casar, y tiene tres hijos. Actualmente está de gira por Alemania, dando conciertos.

Stuart Long (1963), un tipo que no era religioso logró su objetivo de irse a Los Ángeles a ver si lo contrataba un director, pero fracasó. Tuvo una novia, sufrió un accidente en motocicleta y estuvo algún tiempo en el hospital. Dijo que ahí vio a Dios y así fue como decidió hacerse sacerdote católico.

Jugando básquetbol sufrió una caída y empezó a caminar con dificultad. Se hizo estudios y le dijeron que tenía miositis por cuerpos de inclusión, eso quiere decir que poco a poco dejaría de mover las piernas y los brazos, es decir que quedará paralítico. Le dieron una esperanza de vida poco alentadora, y le advirtieron que quizá llegara el momento en que sólo pudiera mover la cabeza. Sin embargo, él no se rindió y se propuso ser sacerdote. Lo rechazaron varias veces, no por sus calificaciones, sino por su enfermedad, pues argumentaban que no podría dar misa. Pero él no se dio por vencido y logró ser sacerdote.

Jamie Brower (1985, California) nació con síndrome de Down, fue el primer caso documentado de una mujer que apareciera como modelo, como símbolo de inclusión.

Winnie Harlow es una chica canadiense que nació en 1994. Le diagnosticaron vitíligo a los cuatro años. En la escuela no dejaban de burlarse de ella, llamándola vaca, cebra, y toda clase de insultos. Hasta tuvo que cambiarse de escuela varias veces y abandonó la secundaria.

Sin embargo, en el 2015 se convirtió en modelo.

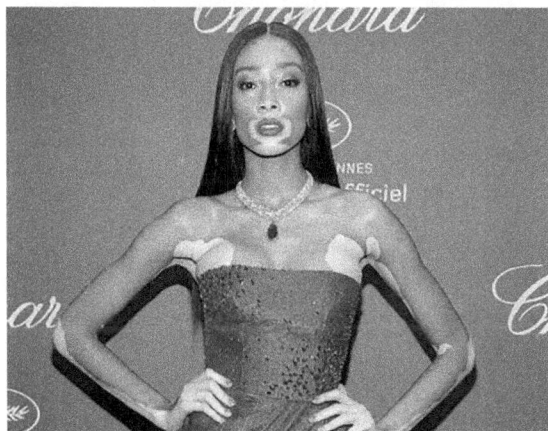

Figura 10: Winnie Harlow[8]

---

[8] "Winnie Harlow: 'A veces es complicado lidiar con la fama.'" *Ciudad Magazine*, 14 Sept. 2018, https://www.ciudad.com.ar/virales/winnie-harlow--veces-complicado-lidiar-fama_106688/.

Epílogo

Viva una vida feliz, porque uno no sabe ni el día ni la hora en que va a fallecer. Si usted cree en Dios o no, no importa, el día que deje este mundo no va a ser ni un minuto antes ni un minuto después. ¿Por qué se preocupa de cosas que no puede controlar, como una crisis financiera, emocional o psicológica o matrimonial, de epilepsia o un descontrol de azúcar? No se preocupe, ocúpese de eso para tener una mejor calidad de vida. Que, si el vecino lo hace enojar, o que, si le robaron unos cuantos pesos, no importa, mañana usted va a ser feliz. Si se guarda el coraje, el único que va a sufrir los estragos de una enfermedad es usted.

Si sufre de algo, vea la posibilidad de que se le quite, si no, entonces adáptese a las circunstancias y sea feliz con lo que Dios o la naturaleza le dio. Hágale caso a los médicos, que son especialistas, como neurólogos que estudian la epilepsia y el Alzhéimer, el endocrinólogo que se dedica a los pacientes con diabetes, oncólogos especialistas en cáncer. Estas son enfermedades crónicas, es decir, para toda la vida, así haga de su enfermedad o su padecimiento su aliado, si no se le va a quitar esa enfermedad yendo al médico, siga las instrucciones del doctor adecuado y va a tener una mejor calidad de vida.

No se fije en si es mejor o peor que los demás, la naturaleza, Dios, o como le quiera llamar, lo ha llenado de privilegios y cualidades que tiene que aprovechar. Si usted tiene epilepsia y ha aceptado su enfermedad, entonces ayude a los demás a aceptar la enfermedad como tal, como una frase del padre de la logoterapia, Víctor Frankl, quien estuvo en un campo de concentración Nazi, en su libro *El hombre en busca de sentido*: "He encontrado el significado de mi vida ayudando a los demás a encontrar en sus vidas un significado".

En esta vida hay que hacer historia y ser mejor, "una cabeza de ratón que cola de león", como dice el dicho. No se puede estar sentado desaprovechando las oportunidades de éxito, salga y viva la vida.

De cualquier manera, nosotros estamos en este mundo en este instante para interactuar con los demás y dejar huella para poder vivir la vida sin tantas preocupaciones ni estrés que provoquen enfermedades y lo lleven a un intento de suicidio fracasado, mejor disfrute de lo que tenga.

Existen personas que están en los hospitales y luchan por su vida y, por la contraparte, existen personas que tienen muchos millones de dólares o de pesos pero que aún no encuentran la felicidad. Si usted es médico, ayude, o si es matemático, también. Si usted no existiera mucha gente alrededor suyo tampoco, incluyendo sus hijos.

Agradecimientos

Gracias al Ing. Enrique Marín Soto, quien no se ha dejado vencer por las dificultades que le ha presentado la vida, y por el contrario siempre tiene una actitud positiva;

A Javier Alonso, coordinador del grupo de apoyo, que tiene una gran fortaleza y dedicación. Cada sábado, llueve, truene o relampaguee, está ahí a las nueve de la mañana, aunque el viernes en la noche le haya dado una crisis, y además enseña a dar primeros auxilios físicos y emocionales, y nos enseña que no estamos solos.

Al Licenciado en Medicina, con especialidad en ortopedia, el doctor Oswaldo Ballinas, el cual me operó exitosamente del manguito rotador, lesión causada por una crisis epiléptica;

A mis compañeros del grupo de apoyo, Lety, Martha, Genaro, quienes me apoyaron antes durante y después de una crisis de epilepsia;

Al doctor Jaime Ramos, quien siempre me llamó por mi nombre, a quien considero mi amigo, y que por más de veinte años me ha atendido.

En memoria de Mirna, Miguel, Juan, Sergio
y Eduardo, del grupo GADEP,
y todos los que han fallecido por causa de la epilepsia.

Bibliografía

Asociación Guipuzkoana de Epilepsia. "Historia y Origen de la Epilepsia." *Epilepsia Gipuzkoa*, 2025, https://epilepsiagipuzkoa.eus/epilepsia/historia-y-origen.

CAEME. "La historia del descubrimiento de la diabetes y su control." *Centro de Información de Medicamentos de Argentina*, https://www.caeme.org.ar/la-historia-del-descubrimiento-de-la-diabetes-y-su-control/.

Criado, Miguel Ángel. "Julio César pudo sufrir derrames cerebrales en lugar de epilepsia." *El País*, 10 abr. 2015, https://elpais.com/elpais/2015/04/10/ciencia/1428658327_819718.html.

Frankl, Viktor E. *El hombre en busca de sentido*. Traducción del Comité de Traducción al Español, Herder Editorial, 2015.

Guayama, Miguel. "Revelaron cuál es la diferencia entre la chiripiorca y la garrotera." *Diario Uno*, 5 jul. 2024, https://www.diariouno.com.ar/sociedad/revelaron-cual-es-la-diferencia-la-chiripiorca-y-la-garrotera-n1332127.

Harari, Yuval Noah. *De animales a dioses*. Penguin Random House Grupo Editorial, septiembre de 2022.

Instituto Nacional de Estadística y Geografía (INEGI). *Estadísticas a propósito del Día Mundial de la Diabetes (14 de noviembre)*. Comunicado de prensa núm. 645/21, 12 nov. 2021, https://www.inegi.org.mx/contenidos/saladeprensa/aproposito/2021/EAP_Diabetes2021.pdf. Consultado el 24 oct. 2022.

La Nueva Biblia de las Américas. Fundación Lockman, 2020.
Rocha, Luisa L. "La enfermedad que una vez fue sagrada." *Ciencia*, vol. 56, no. 3, septiembre de 2005, https://www.revistaciencia.amc.edu.mx/images/revista/56_3/enfermedad_sagrada.pdf.

López González, Randall. "Epilepsia: tratamiento farmacológico y su monitoreo." *La Cúpula*, vol. 30, no. 2, 2016, https://www.binasss.sa.cr/bibliotecas/bhp/cupula/v30n2/art04.pdf.

Martínez, Oscar, Jazmín B. Martínez, Glenda Ernst, y Pablo Young. "Historia de la epilepsia desde la antigüedad a la Edad Media." *Revista Fronteras*, marzo de 2021, https://revistafronteras.com.ar/contenido/art.php?recordID=MjEwMg==.

Núñez, Lilia. *La epilepsia al alcance de todos*. 2014.

Pichel, José. "Alfred y la dinamita: tragedia familiar, traición y redención." *El Español*, 27 mar. 2018, https://www.elespanol.com/ciencia/investigacion/20180327/alfred-nobel-dinamita-tragedia-familiar-traicion-redencio.

Rius (Eduardo del Río). *La droga que refresca*. Editorial de Bolsillo, 1989.

Valzania, Sergio. "¿De qué murió Mónica Pretelini, la primera esposa de Enrique Peña Nieto?" *El Comercio*, https://elcomercio.pe/mag/fama/monica-pretelini-de-que-murio-la-primera-esposa-de-enrique-pena-nieto-celebs-de-mexico-nndaml-noticia.

www.ingramcontent.com/pod-product-compliance
Lightning Source LLC
Chambersburg PA
CBHW052102270326
41931CB00012B/2855